Couverture inférieure manquante

LES GRANDS PHILOSOPHES

ÉPICURE

PAR

E. JOYAU

PROFESSEUR DE PHILOSOPHIE A L'UNIVERSITÉ
DE CLERMONT

PARIS
FÉLIX ALCAN, ÉDITEUR
108, BOULEVARD SAINT-GERMAIN, 108

1910

ÉPICURE

LES GRANDS PHILOSOPHES
Collection dirigée par CLODIUS PIAT

Publiée chez Félix Alcan

Volumes in-8° de 300 à 400 pages environ, chaque vol. 5 fr. à 7 fr. 50

Ont paru :

SOCRATE, par Clodius Piat, Agrégé de philosophie, Docteur ès Lettres, Professeur à l'École des Carmes (*Traduit en allemand.*) 1 vol. in-8°, 5 fr.

PLATON, par le même. (*Couronné par l'Académie française, Prix Bordin.*) 1 vol. in-8°, 7 fr. 50.

ARISTOTE, par le même. (*Traduit en allemand et en italien.*) 1 vol. in-8°, 5 fr.

SAINT AUGUSTIN, par l'abbé J. Martin. 1 vol. in-8°, 7 fr. 50. *Deuxième édition.*

AVICENNE, par le baron Carra de Vaux, Membre du Conseil de la Société Asiatique. 1 vol. in-8°, 5 fr.

GAZALI, par le même. (*Couronné par l'Institut.*) 1 vol. in-8°, 5 fr.

SAINT ANSELME, par le comte Domet de Vorges. 1 vol. in-8°, 5 fr.

SPINOZA, par Paul-Louis Couchoud, Agrégé de philosophie, ancien élève de l'École normale supérieure. (*Couronné par l'Institut.*) 1 vol. in-8°, 5 fr.

MONTAIGNE, par F. Strowski, Professeur à l'Université de Bordeaux. 1 vol. in-8°, 6 fr.

PASCAL, par Ad. Hatzfeld. 1 vol. in-8°, 5 fr.

MALEBRANCHE, par Henri Joly, Membre de l'Institut. 1 vol. in-8°, 5 fr.

KANT, par Th. Ruyssen, Professeur à l'Université de Bordeaux. *Deuxième édition.* (*Couronné par l'Institut.*) 1 vol. in-8°, 7 fr. 50.

MAINE DE BIRAN, par Marius Couailhac, Docteur ès Lettres. (*Couronné par l'Institut.*) 1 vol. in-8°, 7 fr. 50.

PHILON, par l'abbé J. Martin. 1 vol. in-8°, 5 fr.

ROSMINI, par Fr. Palhoriès, Docteur ès Lettres. 1 vol. in-8°, 7 fr. 50.

SAINT THOMAS D'AQUIN, par A.-D. Sertillanges, Professeur à l'Institut catholique de Paris. 2 vol. in-8°, 6 francs chacun.

ÉPICURE, par E. Joyau, Professeur de philosophie à l'Université de Clermont.

CHRYSIPPE, par Émile Bréhier, maître de conférences à 'Université de Rennes.

Va paraître :

SCHELLING, par Émile Bréhier.

Typographie Firmin-Didot et Cie. — Mesnil (Eure).

LES GRANDS PHILOSOPHES

ÉPICURE

PAR

E. JOYAU

PROFESSEUR DE PHILOSOPHIE A L'UNIVERSITÉ
DE CLERMONT

PARIS
FÉLIX ALCAN, ÉDITEUR
108, BOULEVARD SAINT-GERMAIN, 108
—
1910

BIBLIOGRAPHIE

Diogène Laerce, *Vies des philosophes*, l. X (texte établi par Usener).

Lucrèce, *De rerum natura*.

Cicéron, *Tusculanes*. — *De finibus bonorum et malorum*. — *De natura Deorum*.

Sénèque, *Lettres*. — *De vita beata*.

Plutarque, *Contre Colotès*. — *Que l'on ne saurait vivre heureux selon la doctrine d'Épicure*.

Herculanensium voluminum quæ supersunt, 11 vol. in-folio, Neapoli, 1793-1855 (le tome VII n'a jamais paru). Collectio altera, 11 vol., in-fol. Neapoli, 1862-1876. — Oxonii, 1824-25, 2 vol.

Gassendi, *Notæ in librum X Diogenis Laertii*. — *De vita et moribus Epicuri*. — *Syntagma philosophiæ epicureæ*.

Usener, *Epicurea*, 1887.

Gomperz, *Herculanische Studien*, 1865. — *Neue Bruckstücke Epikurs über die Willensfrage*, 1866.

Guyau, *La morale d'Épicure*.

A. Hannequin, *L'hypothèse des atomes*.

Lange, *Histoire du matérialisme*.

Chaignet, *La psychologie des Grecs*.

Denis, *Histoire des idées morales dans l'antiquité*.

Ravaisson, *La métaphysique d'Aristote*. — *Les Stoïciens* (Mém. de l'Académie des Inscriptions, XXI).

Croiset, *Histoire de la littérature grecque*.

F. Picavet, *De Epicuro novæ religionis auctore*, 1888.

F. Thomas, *De Epicuri canonica*, 1889.

Windenberger, *Suscipitur Epicuri defensio in physicis*, 1899.

F. Merbach, *De Epicuri canonica*, 1909.

ÉPICURE

CHAPITRE PREMIER

SOURCES

Sénèque disait déjà que la sévérité avec laquelle on condamne ordinairement Épicure est injuste : *Infamis est, male audit, sed immerito*[1]. Dans un rapport sur le livre de M. Guyau, lu à l'Académie des Sciences morales[2], M. Caro reconnaît que le procès d'Épicure demanderait à être revisé : le jugement sommaire que l'on s'accorde à prononcer contre lui n'est pas suffisamment fondé, les témoignages sur la foi desquels on le flétrit d'une condamnation implacable devraient être examinés

1. SÉNÈQUE, *De vita beata*, XIII.
2. Séances de l'Académie des Sciences morales, t. CII, p. 535.

de plus près[1]; ne devons-nous pas faire une place parmi les philosophes à ce chef d'école qui réunit autour de lui un tel nombre de disciples, dont la tradition se conserva toujours aussi florissante jusqu'aux derniers jours de la civilisation païenne, puisque l'Épicurisme durait encore au iv° siècle de l'ère chrétienne[2], survivant aux autres systèmes de la philosophie grecque, et dont l'influence n'a pas cessé de se faire sentir sur beaucoup de grands esprits dans les temps modernes? « Aucune des idées que l'antiquité nous a transmises n'a eu, dit Cournot, une plus grande ni une pareille fortune. » Ne serait-ce pas faire œuvre utile que de tâcher de dégager l'âme de vérité que renferme un système dont on parle tant et que l'on connaît si mal?

On a été jusqu'à dire qu'Épicure est un Socrate doublé d'un Voltaire. Pour nous, ce mot que d'au-

---

[1] « The Epicureans are condemned in their names... Difficult is it to shake off the influence of association with respect to them; although historians are now pretty well agreed in believing Epicurus to have been a man of pure and virtuous life and one whose doctrines were moderate and really inculcating abstemiousness. » G. H. Lewes, *Hist. of philosophy*. Eigth epoch, ch. ii.

[2] Diogène Laërce écrivait vers la première moitié du iii° s. après J.-C. : ἡ διδαχὴ πασῶν σχεδὸν ἐκλιπούσων τῶν ἄλλων ἀεὶ διαμένουσα καὶ νηρίθμους ἀρχὰς ἀπολύουσα ἄλλην ἐξ ἄλλης τῶν γνωρίμων. X, 9.

cuns ont jugé spirituel, ce rapprochement manque totalement de justesse : nous ne trouvons chez Épicure l'étoffe ni d'un Socrate ni d'un Voltaire. Nous ne pouvons évidemment accepter comme satisfaisante l'explication que donne Bayle : « On s'étonnera peut-être qu'Épicure ayant pratiqué une si belle morale soit tombé dans une infamie qui a rendu odieuses et sa secte et sa mémoire pendant plusieurs siècles partout où il était connu... J'observe premièrement qu'il faut reconnaître ici comme en plusieurs autres choses l'empire de la fatalité : il y a des gens heureux comme il y a des gens malheureux; c'est la meilleure raison qu'on puisse donner de leur diverse fortune[1]. »

Les renseignements qui nous ont été transmis sont en très grand nombre; mais ils émanent les uns de disciples enthousiastes, les autres d'adversaires passionnés; l'impartialité leur manque aux uns comme aux autres. Toutes sortes de légendes se sont formées sur le système et sur son fondateur; il ne nous est guère possible de démêler ce qu'elles valent, ce qu'elles nous apprennent et ce qu'elles dissimulent. Ne nous faisons donc pas d'illusions sur la valeur des affirmations que nous nous croyons en mesure de formuler; c'est le cas

---

[1]. BAYLE, *Dictionnaire*, art. Épicure. N.

ou jamais de nous rappeler les sages conseils de Renan sur la prudence avec laquelle il nous est permis de conclure en matière historique.

Lorsque nous voulons étudier les doctrines d'Épicure, notre principale source d'informations est le X⁰ livre de Diogène Laërce ; Diogène a consacré à Épicure beaucoup plus de pages qu'aux autres philosophes ; nous y trouvons un long exposé du système et même le texte in-extenso de plusieurs écrits du maître : ce sont d'abord trois lettres, la première à Hérodote, contenant un résumé de tout le système et spécialement de la physique ; la deuxième à Pythoclès, sur les météores ; la troisième à Ménécée, sur la morale ; puis un recueil de sentences fondamentales, κύριαι δόξαι, qui faisaient autorité dans l'école ; enfin le testament d'Épicure. Malheureusement Diogène Laërce est un auteur fort peu digne de foi ; il ne s'est pas donné la peine de vérifier les renseignements de toute sorte qu'il nous fournit ; ou plutôt la compilation qui nous est parvenue sous son nom est l'œuvre d'un assez grand nombre d'écrivains sur la valeur desquels il nous est impossible de faire fond [1] ; nous ne savons avec quel soin ils contrôlaient l'exactitude de leurs informations ; les règles de la critique

---

1. H. WEILL, *Journal des Savants*, 1888.

leur étaient inconnues. Épicure avait beaucoup écrit, il n'avait laissé de côté aucune des parties de son système, il s'était expliqué sur tous les points, mais aucun de ses livres ne nous a été conservé. « Les critiques, dit M. Weill, n'ont pas été tendres pour Diogène ; ils l'ont traité d'écrivain stupide et ne lui ont pas ménagé d'autres épithètes injurieuses ; l'un d'eux l'appelle âne bâté, *asinus germanus*. M. Usener déclare que ces aménités font encore trop d'honneur à Diogène, pour la raison qu'il n'a pas écrit le livre qui porte son nom. L'antiquité nous a laissé un certain nombre d'ouvrages qui se sont formés par agrégation : un manuel tombé dans le domaine public en forme le noyau primitif ; il est publié avec des additions empruntées de côté et d'autre par un second éditeur et cette opération se répète plusieurs fois. Le nom de l'auteur véritable, de celui à qui l'on doit le premier noyau, est souvent oublié et, contrairement au droit qui règle les autres propriétés, c'est le dernier occupant qui s'arroge la possession de l'ouvrage et dont le nom figure seul sur le titre. Voilà comment on explique les nombreuses incohérences qui choquent le lecteur de Diogène et qu'il ne convient pas de corriger ou de pallier par les moyens dont la critique se sert ordinairement. M. Usener, qui a revisé avec le plus grand soin le texte de Diogène, s'appliquant à rendre intelligibles certains passages fort obscurs et même contradictoires, donne plusieurs exemples d'amplifications successives, étrangement enchevêtrées les unes dans les autres, et il explique ce désordre par une hypothèse ingénieuse : les scribes chargés de multiplier un manuscrit avec des suppléments ajoutés soit en marge, soit sur des feuilles volantes, les insérèrent souvent à contre-sens et produisirent ainsi une confusion inextricable. » Pour ce qui est particulièrement du X° livre, M. Weill s'exprime ainsi : « Diogène n'en a pas écrit une ligne ; mais il a eu le mérite, en admirateur zélé qu'il était d'Épicure, de faire insérer dans l'ouvrage dont il fournissait la copie à ses scribes ces morceaux qui sont encore aujourd'hui les documents les plus précieux que nous possédions sur la philosophie d'Épicure. » M. Usener a examiné soigneusement les divers manuscrits que nous avons de Diogène Laërce. Tous sont d'une époque très basse, négligemment et inintelligemment écrits, en somme peu dignes de foi ; ils fourmillent de fautes et d'interpolations, de sorte qu'ils ont été souvent mal lus et mal interprétés et que, loin de faire connaître exactement la doctrine du maître, ils ont causé et répandu une foule d'erreurs. Usener croit de plus que la lettre deuxième (à Pythoclès) n'a pas été écrite par Épicure : c'est un exposé sommaire de sa doctrine, rédigé d'après ses livres et particulièrement d'après le περὶ φύσεως. De même le recueil des κύριαι δόξαι n'est pas l'œuvre d'Épicure lui-même : c'est un résumé de toute la morale, composé par un disciple et accueilli dans l'école (nous avons donc lieu de le comparer au manuel d'Épictète, rédigé par Arrien). Au commencement nous trouvons bien le τετραφάρμακον, le quadruple remède contre la crainte des dieux et la peur de la mort; mais dans la suite aucun ordre n'est observé ; en même temps que de graves lacunes, nous rencontrons des répétitions choquantes.

En 1753 on a retrouvé dans les fouilles d'Herculanum toute une bibliothèque, 1700 rouleaux de papyrus, dont beaucoup contiennent des écrits de l'école épicurienne. Les espérances que cette découverte avait fait concevoir n'ont pas été réalisées. Beaucoup de ces rouleaux, par suite de la chaleur à l'action de laquelle ils avaient été soumis ou de la fabrication défectueuse du papyrus, étaient imprégnés d'une résine visqueuse qui ne permettait pas le décollement des pages ou qui avait totalement effacé l'écriture ; d'autres étaient dans un tel état de dessiccation qu'ils sont tombés en poussière dès qu'on y a touché ; enfin, le maladroit empressement des hommes a complété l'œuvre destructive des siècles. On comprend la hâte qu'avaient les premiers qui firent cette précieuse trouvaille de déchiffrer des textes dont l'ancienneté et l'authenticité ne pouvaient faire aucun doute ; mais on ignorait encore les précautions grâce auxquelles on peut dérouler et lire les papyrus les plus vieux ou les plus desséchés ; ils s'y prirent mal et leur zèle eut pour résultat la destruction irréparable de documents uniques. D'autres ont eu l'idée de découper en tranches, en colonnes, ces papyrus qu'ils ne savaient dérouler et cette segmentation souvent maladroite n'a fait qu'augmenter la confusion en présence de laquelle ils se sont trouvés, eux et leurs successeurs. On a découvert depuis lors le moyen de ramollir et de dérouler les papyrus, grâce à l'action de la chaleur, de la vapeur d'eau et de certaines substances chimiques, mais il était trop tard pour bien des rouleaux ; les autres étaient souvent dans le plus piteux état : partout des trous, des déchirures, des blancs ; c'était tantôt le haut, tantôt le bas des colonnes qui avait été détruit ; on ne parvenait à déchiffrer que des mots sans suite, des lettres même qui ne permettaient de faire aucune conjecture plausible. Le texte est en onciales tracées par des mains inégalement adroites, de sorte que bien des confusions sont possibles ; les mots ne sont pas séparés les uns des autres, aucun signe de ponctuation n'est employé, le même texte peut être lu de plusieurs façons différentes qui sont loin d'offrir le même sens.

Les papyrus d'Herculanum ont été plusieurs fois reproduits en fac-similé, d'abord à Naples[1], puis à Oxford, de sorte que l'examen et l'interprétation en sont accessibles à tous. On y trouve plusieurs fragments du traité d'Épicure sur la nature (des livres II, XIV, XV, XX, XXVIII ; l'ouvrage complet en avait 37 ; Gomperz conserve l'espoir de le retrouver tout entier), un grand nombre de morceaux de Philodème, que nous avons lieu de considérer comme l'interprète fidèle des doctrines de l'école ; mais Philodème est presque contemporain de Cicéron, par conséquent postérieur à Épicure de plus de deux siècles. Il y a encore des fragments

---

[1]. Cette publication, poursuivie de 1793 à 1855 par les soins de l'Académie de Naples, est curieuse à bien des points de vue. L'Académie avait besoin de la protection et des subsides du roi, de sorte que chaque volume est précédé d'une épître dédicatoire en style pompeux ; or le royaume des Deux-Siciles a plusieurs fois changé de maître pendant cette période. C'est ainsi que le tome II (1809) est dédié au roi Joachim Murat, « patri patriæ, semper augusto » ; nous y lisons un grand éloge de l'amour du roi pour les lettres, passion qu'avait témoignée avant lui Joseph Bonaparte, qui vient d'être transféré au trône d'Espagne. Le tome VI (1839) est dédié au roi Ferdinand II de Bourbon, « pio, felici, semper augusto ».

de Polystratus, de Colotès, de Phædrus, de Phanias et aussi de Carnéade et de Chrysippe ; enfin nous n'avons aucune indication sur l'auteur de plusieurs autres textes, relativement à la valeur desquels il nous est impossible de nous prononcer. Voici ce que nous apprend l'éditeur de ce manuscrit[1] : « *Philodemi volumen, cujus explicationi incubuimus, fere desperatae lectionis erat; in plurimas enim lacinias discerptum, rugis ubique deturpatum, immanibus hians lacunis, pulvere ac situ squalens, literarum abrasione fœdum, singulari characteris varietate incommodum et inusitata nexuum multitudine implicatum innumerabiles salebras atque ambages illud percurrentibus objecerat.* »

M. Karl Wotke vient de découvrir à Rome, dans le fonds grec de la Vaticane, un recueil de maximes d'Épicure tirées probablement de ses conversations et de ses lettres ; ce recueil a été commenté par Usener et Gomperz [2].

Enfin M. G. Cousin a trouvé à Œnandra, en Lycie, une inscription qui reproduit deux lettres d'un épicurien où est exposée la doctrine du maître [3].

---

1. *Herculanensium voluminum quæ supersunt.* Neapoli, 1839, t. VI.
2. *Epikurische Spruchsammlung, Wiener Studien*, X, 1888.
3. *Bulletin de correspondance hellénique*, XVI, 1892.

Cette inscription a été étudiée en détail par Rudolph Heberdey et Ernest Kalinka, de Vienne, et reproduite dans le Bulletin de 1897 (XXI); elle ne nous apprend rien de nouveau. Plusieurs phrases sont à comparer avec les κύριαι δόξαι rapportées par Diogène Laërce, mais ne sont pas disposées dans le même ordre.

Les théories des Épicuriens sont surtout connues par les écrits des Stoïciens, leurs adversaires. Il est certain que l'école stoïcienne compte un grand nombre de bons auteurs dont les livres se lisent avec plaisir. De plus il faut reconnaître que nous écoutons avec une complaisance toute spéciale ceux qui expriment de grandes pensées et de beaux sentiments : il semble que nous nous grandissions à nos propres yeux; nous oublions de nous assurer s'ils disent bien vrai, tant nous voudrions qu'ils eussent raison. Mais est-il permis de s'en rapporter aux Stoïciens sur le compte des Épicuriens? C'étaient des adversaires passionnés et même, il faut bien le dire, jaloux; car l'école d'Épicure attirait plus de disciples que celle de Zénon. Les Stoïciens avaient une très haute idée d'eux-mêmes et poussaient fort loin le dédain de leurs contradicteurs; leur sage était une sorte de surhomme et ils considéraient tous les autres comme des bêtes de troupeau. Enfin ce qui est particulièrement grave, nous savons que leur polémique manquait souvent de bonne foi : ils ne se contentaient pas de tirer des principes formulés par Épicure, des conséquences absurdes et odieuses que désavouaient les véritables épicuriens ; ils avaient composé un certain nombre de livres apocryphes qu'ils répandaient dans le public comme ayant été écrits par Épicure lui-même ou par ses auditeurs immédiats ; ces livres, accueillis trop légèrement, ont contribué à constituer la légende qui s'est formée sur le véritable caractère de l'Épicurisme. Cicéron le reconnaît lui-même : « *Sit ista in græcorum levitate perversitas, qui maledictis insectantur eos a quibus de veritate dissentiunt* [1]. » Il nous faut donc bien prendre garde de ne pas accepter comme l'expression de la pensée d'Épicure les propositions que lui ont prêtées ceux qui cherchaient par tous les moyens à le couvrir de ridicule.

Non moins jaloux du succès de l'Épicurisme, non moins ardents dans leurs critiques, mais moins violents dans leurs procédés de discussion étaient Arcésilas et les philosophes de la Nouvelle Académie.

Nombreux sont les écrivains qui ont répété l'écho des protestations indignées des Stoïciens sans se donner la peine d'en contrôler l'exactitude ; c'est

---

1. Cicéron, *De finibus*, II, xxv, 80.

le cas de Plutarque, qui l'avoue lui-même : τὴν δόξαν, οὐ τὴν ἀλήθειαν, σκοποῦμεν [1]. Nous en dirons autant des Pères de l'Église dont les véhémentes invectives contre les Épicuriens n'ont rien d'original et ne peuvent faire autorité. Quant à Suidas, dit M. Chaignet [2], « il constate avec une satisfaction presque féroce qu'Épicure et ses trois frères ont succombé à d'horribles et longues maladies et que les adeptes de son école ont été chassés de Rome, de Messénie et de Crète ».

Cicéron revient fréquemment sur l'exposé et la réfutation des doctrines épicuriennes. On a beaucoup discuté sur la valeur des écrits philosophiques de Cicéron. Quelque opinion que l'on se fasse sur l'exactitude de ses informations, sur la rigueur de sa critique, il est incontestable que ses dialogues manquent d'impartialité ; on sent un parti pris contre l'épicurisme, non seulement, comme on l'a dit quelquefois, parce qu'il le considère comme peu propre à inspirer de beaux développements oratoires, mais surtout parce qu'il y croit voir un péril pour les mœurs et les institutions romaines. Il ne paraît pas avoir eu le goût du plaisir ; il n'était pas sensible aux voluptés de toute sorte dont s'enchantaient un grand nombre de ses contemporains ;

---

1. PLUTARQUE, *On ne peut vivre heureux*, XIX, 4.
2. CHAIGNET, *Psychologie des Grecs*, II, p. 192.

en revanche il avait une ardeur extrême pour la politique, pour les affaires publiques, et Épicure prescrivait de s'en abstenir. Nous ne devons donc accueillir qu'avec une grande défiance les renseignements qu'il nous fournit et il nous faut toujours réserver la liberté de notre jugement. Cicéron va presque jusqu'à rayer Épicure du nombre des philosophes : *Tu quidem totum Epicurum pene e philosophorum choro sustulisti*, dit un des interlocuteurs du *De finibus*[1] ; c'est là, nous le verrons, une sentence des plus injustes.

Quel usage pouvons-nous faire du poème de Lucrèce ? Tout le monde sait qu'il ne nous donne pas l'exposé complet du système, mais seulement de la physique ; il est vrai que l'on peut dire que c'en est la partie la plus essentielle, puisque l'auteur énonce les principes d'où sont tirées la canonique et la morale. Il semble cependant que la physionomie de la doctrine a considérablement changé : chez le maître, la morale occupe la première place ; c'est elle surtout qu'il s'attache à développer ; la physique est reléguée au rang d'accessoire. Lucrèce s'arrête à exposer longuement les théories physiques, indépendamment de toute autre préoccupation, et s'efforce de leur donner un caractère

---

1. Cicéron, *De finibus*, I, VIII, 26.

vraiment scientifique. Ce tableau de la physique épicurienne peut être considéré comme exact, car un des traits les plus curieux de l'école c'est l'attachement immuable des disciples aux doctrines formulées par le maître ; les termes dans lesquels Lucrèce exprime son enthousiasme pour Épicure ne laissent pas soupçonner qu'il se soit permis d'en altérer les enseignements. Il nous semble cependant qu'il en avait quelque peu modifié sinon le sens, du moins la forme. Deux siècles s'étaient écoulés pendant lesquels les Épicuriens avaient été vivement attaqués surtout par les Stoïciens et les Académiciens ; pour leur répondre, ils ne s'étaient pas bornés à répéter toujours les mêmes affirmations ; il leur avait fallu donner des preuves, entreprendre des démonstrations dont Épicure ne s'était pas mis en peine et qui changeaient le caractère primitif du système. De plus Lucrèce est un Romain, contemporain de Sylla et des proscriptions ; il écrit pour des Romains : son ton, surtout quand il parle de la peur de la mort, de la crainte des dieux, des maux causés par la superstition, est tout autre que celui d'un Athénien de l'époque de Démétrius de Phalère ; c'est ce qu'a fort bien expliqué M. Martha dans son livre sur le poème de Lucrèce. Nous nous servirons donc de ce poème, mais avec précaution : Lucrèce nous fournit souvent l'expression la plus claire, la plus heureuse, la forme définitive de la pensée de son maître, mais d'autres fois il parle en son nom personnel.

Au xviie siècle, Gassendi entreprit une curieuse restauration de la philosophie épicurienne qu'il voulait rétablir sur les ruines de l'aristotélisme et au nom de laquelle il combattait le cartésianisme naissant. Il s'applique d'une part à réfuter les légendes que l'on a répandues dans le public, les accusations de toutes sortes que l'on a accumulées contre l'école épicurienne, d'autre part à donner une exposition aussi claire que possible de toutes les parties de la doctrine. Cette tentative ne pouvait être couronnée de succès. La physique épicurienne, empruntée à Démocrite, n'était manifestement pas à la hauteur de la science et ne donnait aucune explication plausible des phénomènes découverts par les savants modernes. Tantôt Gassendi, emporté par l'ardeur de laver son maître de toutes les calomnies semées contre lui, se laisse aller à des affirmations téméraires et perd même de vue des vérités solidement établies; tantôt, ne voulant pas être soupçonné de soutenir des propositions contraires à la religion chrétienne (et l'on sait qu'il ne réussit pas à se soustraire aux accusations de ses adversaires), il s'arrête longuement à réfuter les principes posés par Épicure [1]. Enfin il lui arrive souvent de commettre de grosses erreurs : « Gassendi, dit M. Usener, comprenait bien la théorie d'Épicure, mais il savait mal le grec. »

Nous ne ferons pas comme lui : nous n'entreprendrons pas l'apologie d'Épicure, non plus que nous ne nous proposerons d'instruire une fois encore son procès : nous chercherons à discerner ce qu'il a été, à dégager sa physionomie réelle; nous nous appliquerons à le remettre à sa place dans l'histoire, à reconnaître les influences qu'il a subies, à comprendre l'action puissante qu'il a exercée sur ses contemporains et qu'il a continué d'avoir sur les siècles suivants. Nous n'étudierons pas l'histoire de l'Épicurisme dans les temps anciens et modernes, mais nous essaierons de surprendre le secret de l'immortalité de cette doctrine.

---

1. GASSENDI, *Syntagma*, édit. de Lyon 1658, t. III, p. 13 : « Quod hoc loco dicitur... refutatur »; — p. 12 : « Quod Epicurus hoc capite... peccavit, refutatur copiose »; — p. 16 : « Quod potuit Epicurus intelligere... refutatum est in sectione 1ᵃ »; — p. 30 : « Impietas hæc tota oppugnata est lib. IV, cap. VI, sect. 1ᵃ »; — p. 31 : « Quid hic improbandum, quidque tolerandum deducitur Ethic. lib. III, cap. IV »; — p. 52 : « Tota hujus loci impietas repressa est refutataque quum diximus esse animas hominum immortales »; — p. 57 : « Quod hoc rursus loco adversus Providentiam attingitur ad indicatam sæpiuscule refutationem est referendum »; — p. 83 : « Quæ impietas hic reperitur refutata fuse habetur. »

CHAPITRE II

VIE D'ÉPICURE

Épicure était Athénien. Sa famille appartenait au dême de Gargettos; elle était noble, paraît-il, mais réduite à une grande pauvreté; elle remontait, d'après certaines traditions, à Philæus, petit fils d'Ajax. Le père de notre philosophe, Néoclès, fut au nombre des colons que les Athéniens envoyèrent à Samos en 352 av. J.-C. et auxquels ils partagèrent des terres. C'est là que naquit Épicure, la 3ᵉ année de la 109ᵉ Olympiade (341 av. J.-C.), au mois de Gamélion. Certains historiens, entre autres Diogène Laërce, disent qu'il naquit à Gargettos; il semble que c'est une erreur. Mais s'il reçut le jour à Samos, il était incontestablement de parents athéniens et ses adversaires lui cherchaient une mauvaise querelle lorsqu'ils prétendaient qu'il n'était pas un vrai citoyen, γνησίως ἀστός. D'un autre côté c'est tout à fait par hasard qu'Épicure naquit à Samos, comme Pythagore, et il n'y a pas lieu de chercher dans son système des traces d'une influence pythagoricienne. Néoclès exerçait le métier de maître d'école (γραμματοδιδάσκαλος); Chérestrate, sa femme, était diseuse de bonne aventure; elle allait dans les maisons des pauvres gens pour conjurer le mauvais sort et exorciser les maladies; son jeune enfant l'accompagnait et récitait les formules propitiatoires. C'est là sans doute ce qui lui fournit l'occasion de voir de près les superstitions populaires et les maux que cause la crédulité des hommes.

Il manifesta de bonne heure la curiosité de son esprit. Il n'avait que 14 ans (quelques-uns disent même 12) et son maître de grammaire citait devant lui le vers d'Hésiode : « Au commencement, toutes choses vinrent du Chaos. — Et le chaos lui-même, demanda Épicure, d'où vint-il? » Le maître resta court; il dit que ce n'était pas son affaire de trancher la question, qu'il fallait la poser aux philosophes. Les études du jeune homme furent donc orientées dans cette direction, il comprit l'importance et l'intérêt des problèmes philosophiques et alla écouter les leçons des diverses écoles. C'est alors qu'il connut Nausiphane, disciple de Démocrite, auquel il devait faire de nombreux emprunts. Il entendit un grand nombre d'autres maîtres, sans s'attacher à aucun. Il connut donc les philosophies antérieures, mais ne se donna pas la peine de les étudier, de les discuter à fond. Ce serait, à notre avis, perdre son temps que de chercher ce qu'il doit, ce qu'il reproche à chacune. Les deux grands systèmes de Platon et d'Aristote auraient demandé pour être bien connus et compris un examen long et patient; ils auraient mérité d'être discutés point par point; Épicure ne s'y arrêta pas; peut-être n'en était-il pas bien capable; en tout cas il ne subit pas le prestige de ces doctrines et ne s'en inspira pas.

A l'âge de 18 ans, il vint une première fois à Athènes, mais y séjourna peu de temps. C'est alors qu'il se lia avec Ménandre, qui était de son âge. Celui-ci, dans une épigramme qui nous a été partiellement conservée, rapproche Épicure de Thémistocle : le père de l'un, tout comme celui de l'autre, s'appelait Néoclès; et pour les deux fils ὧν ὁ μὲν ὑμῶν πατρίδα δουλοσύνας ῥύσαθ', ὁ δ' ἀφροσύνας[1]. Épicure ne put à cette époque entendre Aristote, qui s'était déjà retiré à Chalcis. Il exerça primitivement, comme son père, le métier de maître de lecture et de grammaire; plus tard seulement il ouvrit une école de philosophie à Lampsaque d'abord, puis

---

[1]. MEINEKE, *Menandri et Philemonis reliquiæ*, p. 299.

à Mitylène, à Colophon, enfin à Athènes en 306, à l'âge de 36 ans.

Peut-être était-il venu dans cette ville un peu plus tôt et avait-il été forcé de la quitter brusquement. Après la prise d'Athènes par Démétrius Poliorcète, Sophocle, fils d'Anticlide, fit voter une loi par laquelle il était défendu, sous peine de mort, d'ouvrir une école sans l'autorisation du sénat et du peuple ; tous les philosophes durent abandonner la ville. Cette loi fut édictée aussitôt après le renversement de Démétrius de Phalère et le rétablissement de la liberté ; de même Socrate avait été condamné par le tribunal des Héliastes après l'expulsion des Trente Tyrans. Il est curieux de remarquer comme il était facile aux démagogues d'exciter la défiance du peuple athénien contre les philosophes. Mais dès l'année suivante, grâce à l'intervention du péripatéticien Philon, le décret fut rapporté et Sophocle, convaincu d'avoir violé les lois, fut condamné à une amende de 5 talents. Les philosophes purent alors rentrer à Athènes et ne furent plus inquiétés. Épicure fut-il du nombre de ceux à qui cet exode fut imposé, nous n'avons pas de renseignements précis sur ce point, comme sur tant d'autres où notre curiosité est excitée au plus haut degré et ne trouve pas à se satisfaire.

Il acheta pour le prix de 80 mines (6 ou 7.000

francs) un jardin, c'est-à-dire une petite maison avec jardin, et c'est là qu'il tint école. Quelle idée faut-il nous faire de ces jardins d'Épicure dont nous parlent tous les écrivains anciens et qui leur paraissent constituer une innovation remarquable[1]? Ce n'était point un parc : Cicéron emploie souvent pour les désigner le diminutif *hortuli;* c'était une propriété de rapport plutôt que d'agrément, car Épicure, dans son testament, parle des revenus que l'on en retirait. Il est probable que les maisons avec jardin n'étaient pas rares à Athènes, car la ville n'était pas très peuplée et les habitations n'étaient pas entassées les unes sur les autres; mais Épicure, au lieu de réunir ses auditeurs dans une salle, dans un gymnase ou dans un portique, leur donnait ses leçons en plein air; il ne faisait pas de cours à certaines heures, mais il passait toute la journée dans le jardin, causant familièrement avec les uns et les autres, de sorte qu'on ne voyait pas chez lui un maître et des disciples, mais un groupe d'amis qui philosophaient ensemble (συμφιλοσοφοῦντες). L'influence extraordinaire qu'il exerça sur ses disciples est due à l'ascendant de sa personnalité

---

1. « Primus hoc instituit Epicurus otii magister. Usque ad eum moris non fuerat in oppidis habitari rura ». Pline, *Hist. nat.*, XIX, 4.

plutôt qu'à ses doctrines; comme le dit Sénèque, Métrodore, Hermarchus, Polyène doivent plus à la fréquentation d'Épicure qu'à son enseignement. C'est en effet un des caractères les plus remarquables de l'école épicurienne que cette amitié qui ne cessa d'y régner, unissant d'une part le professeur et les élèves, d'autre part les élèves entre eux. Tous les écrivains de l'antiquité sont d'accord sur ce point; les adversaires les plus haineux ne nous parlent jamais de dissensions, de jalousies qui aient divisé les épicuriens : *Et ipse bonus vir fuit et multi Epicurei fuerunt et hodie sunt et in amicitiis fideles et in omni vita constantes et graves*[1]. Il était lui-même de nature aimante, comme l'attestent sa piété envers ses parents, sa bonté envers ses frères, sa douceur envers ses esclaves et en général son humanité envers tous[2]. D'autre part il paraît avoir été fort aimable : Métrodore de Lampsaque, du jour où il connut Épicure, ne le quitta plus, sauf pour un voyage qu'il fit dans sa patrie[3]. Dans sa lettre à Idoménée, le jour de sa mort, il écrivait : « Au nom de l'amitié que tu m'as toujours témoignée, prends soin des enfants de Métrodore. »

1. Cicéron, *De finibus*, II, xxv,; 80, 81.
2. Diogène Laerce, X, 10.
3. Diogène Laerce, X, 22.

D'après certains commentateurs, Épicure, outre ses jardins d'Athènes, aurait encore possédé une maison de campagne à Mélité et l'aurait léguée, elle aussi, à son école. Mais si nous regardons les plans d'Athènes et de l'Attique qui ont été reconstitués par les archéologues, nous voyons que le nom de Mélité désigne non pas une localité distincte, mais un quartier de la ville, près de la porte occidentale. Nous croyons donc qu'Épicure avait non pas deux propriétés, l'une en deçà, l'autre au delà des murs, mais une seule, comprenant jardin (κῆπος) et maison d'habitation, sise dans Athènes tout près de l'extrémité du faubourg.

Malgré les troubles qui affligèrent la Grèce, Épicure passa à Athènes toute la seconde partie de sa vie, excepté deux ou trois voyages qu'il fit sur les confins de l'Ionie, pour rendre visite à des amis. Il ne se mêla point des affaires publiques, ne joua aucun rôle dans les révolutions successives de sa patrie, ne s'attira ni sur lui ni sur ses amis la haine d'aucun parti. Sa carrière ne fut donc signalée par aucun événement important et les historiens anciens ne nous rapportent pas sur son compte d'anecdotes intéressantes. Pendant un siège de la ville, alors que les habitants souffraient cruellement de la disette, il nourrit ses disciples en partageant avec eux les provisions de fèves qu'il avait eu la précaution de mettre en réserve, et donnant aux autres tout autant qu'il en gardait pour lui-même (κατ' ἀριθμόν).

La vogue qu'il obtint ne fut pas éphémère ; elle se prolongea sans interruption pendant 36 années ; elle consola Épicure des cruelles atteintes d'une terrible maladie, la pierre ; il la supporta avec une grande fermeté et mourut en 270, la 2ᵉ année de la 127ᵉ Olympiade, à l'âge de soixante-douze ans. Il donnait de cette fermeté des marques bien ingénieuses et bien délicates. « Pendant mes maladies, écrit-il, je ne parlais à personne de ce que je souffrais dans mon misérable corps ; je n'avais point avec ceux qui venaient me voir de ces sortes de conversation. Je ne les entretenais que de ce qui tient le premier rang dans la nature. Je m'attachais surtout à leur faire voir comment notre âme, sans être insensible aux commotions de la chair, pouvait cependant être exempte de troubles et se maintenir dans la jouissance paisible du bien qui lui est propre. En appelant des médecins, je ne contribuais point par ma faiblesse à leur faire prendre des airs importants, comme si la vie, qu'ils tâchaient de me conserver, était pour moi un grand bien. En ce temps-là même je vivais tranquille et heureux[1]. » Sa constance ne se démentit pas même au moment de la mort ; voici en effet sa dernière lettre à Idoménée. « Ce jour où je t'écris est le dernier de ma vie et aussi un jour heureux. Je ressens des douleurs de vessie et d'entrailles telles qu'on n'en saurait concevoir de plus violentes ; mais ces souffrances sont compensées par la joie qu'apporte à mon âme le souvenir de nos conversations[2]. » Dans les derniers temps de sa vie, il ne pouvait ni supporter un vêtement, ni descendre de son lit, ni souffrir la lumière, ni voir du feu. Hermarchus rapporte qu'après avoir été tourmenté par d'incessantes douleurs pendant 14 jours, s'étant fait mettre dans une cuve d'airain pleine d'eau chaude pour donner quelque répit à son mal et ayant bu un peu de vin, il exhorta ses amis à se souvenir de ses préceptes et finit sa vie dans cet entretien. Guyau compare la sérénité de la mort d'Épicure à celle de Socrate. D'autres historiens au contraire ont été jusqu'à dire que ces pratiques constituaient un véritable suicide. Nous ne sommes pas de cet avis : le recours à une mort volontaire dans de telles circonstances n'aurait pas été d'accord avec les enseignements d'Épicure et rien dans son at-

---

1. Diogène Laerce, X, 140.
2. Diogène Laerce, X, 22.

titude au cours des derniers temps ne nous autorise à croire qu'il ait voulu se donner un démenti aussi formel. S'il avait pris un tel parti, il se serait discrédité aux yeux de ses disciples ; la preuve que ce soupçon ne pénétra pas dans leurs esprits ou n'y trouva nulle créance c'est la persistance même de l'école et de la vénération pour la personne du maître.

Épicure avait trois frères qui moururent avant lui, Néoclès, Charidème, Aristobule ; Plutarque les cite comme des modèles d'amitié fraternelle.

Dans son testament, il se préoccupe d'assurer la perpétuité de son école : ses exécuteurs testamentaires devront veiller à ce que les jardins restent la propriété de la secte épicurienne ; ils seront donc occupés par Hermarchus (Épicure avait d'abord désigné comme successeur son ami Métrodore, mais celui-ci étant mort 7 ans avant son maître, il lui substitua Hermarchus, qui avait adopté toutes ses doctrines) ; après lui, ils passeront à celui qui lui succédera comme chef de l'école ; de plus tous les Épicuriens s'y réuniront périodiquement pour prendre part à des repas communs et pour célébrer l'anniversaire de la mort de leur chef, de manière à entretenir l'amitié qui les unit. Cette amitié, comme le remarque M. Dugas, a des caractères tout particuliers :

« Dans cette amitié entre l'esprit de secte; les amis doivent avoir la même foi philosophique... Il met à son amitié pour condition qu'on embrasse sa doctrine; il comble de bienfaits les fils de Métrodore et de Polyène, mais il exige d'eux qu'ils obéissent à son successeur Hermarchos, qu'ils vivent et philosophent avec lui; quant à la fille de Métrodore, elle sera aussi soumise à Hermarchos; elle acceptera le mari de son choix et ce mari devra être Épicurien[1]. » Cette clause fut longtemps observée. Cependant au temps de Cicéron, les jardins, alors en fort mauvais état, étaient devenus la propriété d'un Romain, C. Memmius. Cicéron lui écrit[2] pour lui demander de les restituer à l'école épicurienne; nous ne savons quel fut le résultat de cette démarche[3].

Ce n'est pas tout : Épicure qui, de son vivant, avait pris à sa charge les enfants de son ami Métrodore, les recommande à ses exécuteurs testamentaires afin qu'ils ne manquent de rien. Enfin il donne la liberté à quatre de ses esclaves, trois hommes et une femme[4].

1. DUGAS, *L'amitié antique*, l. I, ch. II, p. 33.
2. CICÉRON, *Ad famil.*, XIII, I. — Cf. *Ad Attic.*, V, 11.
3. SÉNÈQUE, *Lettres*, XXI, 10.
4. Voici ce testament, conservé par DIOGÈNE LAERCE (X, 16 et traduit par M. CHAIGNET (*Psychologie des Grecs*, II, 210) :
« Par ces présentes je donne tous mes biens à Amynomachus,

Ce testament fait grand honneur à Épicure,

fils de Philocratès, du dème de Batè, et à Timocratès, fils de Démétrius, du dème de Potamos, conformément à la donation déjà faite en leur faveur à tous deux et transcrite au Métroon, à condition qu'ils mettront le jardin et ses dépendances à la disposition d'Hermarchus, fils d'Agémarchus, de Mitylène, et de ceux qui se sont associés à lui pour se livrer à la philosophie, et des successeurs auxquels Hermarchus laissera l'école, afin qu'ils vivent en philosophes (ἐνδιατρίβειν κατὰ φιλοσοφίαν).

« Je recommande à tous ceux qui ont adopté notre philosophie (τοῖς φιλοσοφοῦσιν ἀπὸ ἡμῶν) d'aider de toutes leurs forces Amynomachus et Timocratès à conserver l'école du jardin, et à leurs héritiers de prendre toutes les mesures les plus sûres possibles pour conserver le jardin, comme devront le faire tous ceux auxquels nos disciples le transmettront.

« La maison de Mélité sera mise par Amynomachus et Timocratès à la disposition d'Hermarchus pour qu'il l'habite toute sa vie, lui et ceux qui se livreront à la science philosophique avec lui.

« Les revenus des donations faites par nous à Amynomachus et Timocratès seront partagés dans la mesure du possible avec Hermarchus et ils veilleront tous à ce que les offrandes mortuaires soient faites à mon père, à ma mère, à mes frères et à nous-même chaque année le 10ᵉ jour de Gamélion, où l'on célèbre habituellement le jour de ma naissance, et à ce qu'aient lieu chaque mois, le 20ᵉ jour de la lune, suivant l'ordre prescrit, les réunions de tous ceux qui ont adopté et pratiquent notre philosophie, instituées en souvenir de nous et de Métrodore.

« Ils célébreront, comme nous-même, en commun le jour natal de mes frères, dans le mois Poséidon, et celui de Polyœnus, au mois Métageitnion.

« Qu'en outre Amynomachus et Timocratès veillent sur Épicure, le fils de Métrodore, et sur le fils de Polyœnus, qui étudient la philosophie et vivent avec Hermarchus; qu'ils car il est d'accord avec toute sa vie ; nous ne veillent aussi sur la fille de Métrodore et, si elle se conduit bien, si elle s'est montrée docile aux conseils d'Hermarchus, qu'ils la marient, lorsqu'elle sera en âge, au mari qu'aura choisi Hermarchus parmi nos philosophes.

« Pour l'éducation de ces jeunes gens qu'Amynomachus et Timocratès prennent sur nos revenus ce qu'il leur aura paru convenable d'employer chaque année pour cet objet et qu'ils s'entendent pour cela avec Hermarchus.

« Qu'ils s'adjoignent Hermarchus pour régler souverainement l'emploi de nos revenus afin que l'homme qui a vieilli avec nous dans la philosophie et que je laisse comme chef de nos compagnons d'études participe à toutes les mesures à prendre.

« Quant à la dot de la jeune fille, lorsqu'elle sera en âge de se marier, qu'Amynomachus et Timocratès contribuent à la faire en prélevant, après l'avis d'Hermarchus, sur les revenus, ce qui sera possible.

« Qu'ils veillent aussi sur Nicanor, comme nous l'avons fait nous-même, afin que tous ceux de nos philosophes qui nous ont aidé de leur fortune propre, qui m'ont témoigné un dévouement absolu et ont pris la résolution de vieillir avec nous dans la philosophie ne manquent jamais du nécessaire, autant qu'il dépendra de nos ressources.

« Qu'on donne à Hermarchus tous les livres que nous possédons.

« Si quelqu'un des accidents auxquels est sujette l'humanité enlève Hermarchus avant que les enfants de Métrodore soient arrivés à leur majorité, qu'Amynomachus et Timocratès leur fournissent, s'ils se conduisent bien, tout le nécessaire, dans la mesure du possible, en le prélevant sur les revenus que nous laissons.

« Qu'ils veillent à l'exécution de ces dispositions et de toutes celles que nous avons prescrites, afin que chacune ait son effet, dans la mesure du possible.

pouvons y voir un morceau à effet, destiné à surprendre l'admiration et à égarer le jugement de la postérité. Si Épicure a réuni autour de lui un grand nombre d'amis qui lui sont restés fidèles, c'est qu'il en était digne, c'est qu'il était vraiment un excellent homme et ses ennemis n'ont pu lui refuser ce témoignage : *Quis illum negat et bonum virum et comem et humanum fuisse*[1] ?

En tête de l'édition des *Animadversiones in librum Diogenis Laertii*, de Gassendi, publiée à Lyon, chez Guill. Barbier, en 1649, nous trouvons un portrait d'Épicure d'après un original conservé dans la collection du Puy (*ex cimelarchio clarissimi viri Ericl. Puteani*). Usener, en tête de son volume, a reproduit d'après une photographie un buste en bronze d'Herculanum, publié aussi par Comparetti et Petra. Dans l'une de ces images le philosophe est représenté de profil, dans l'autre de face. « La tête, dit M. Chaignet[2], est forte; les traits, le nez surtout, accentués; les lèvres épaisses; l'expression calme, bienveillante plutôt que sévère, sincère et simple, mais

---

« De mes esclaves, j'affranchis Mus, Nicias et Lycon; je donne également la liberté à Phædrion. »

1. Cicéron, *De fin.*, II, xxv, 80, 81.
2. Chaignet, II, 217.

sans esprit, sans grâce et sans sourire; on ne s'étonne pas que, quand il voulait être aimable et plaisanter, ses compliments, comme on le lui reprochait, ne sentissent l'effort et ne fussent lourds. Cicéron le jugeait bien par ces épithètes : *Homo minime vafer, non ad jocandum aptissimus, non facetus minimeque resipiens patriam.* »

CHAPITRE III

L'ÉCOLE ET LE SYSTÈME

Épicure avait groupé une foule de disciples et après sa mort la prospérité de l'école se maintint jusqu'aux derniers jours du paganisme. Sans doute il y a bien de l'exagération, dans les phrases de Cicéron et de Sénèque : *At vero Epicurus una in domo et ea quidem angusta quam magnos quantaque amoris conspiratione consentientes tenuit amicorum greges, quod fit etiamnunc ab Epicureis*[1]. Le nombre des Épicuriens éveillait probablement la jalousie des Stoïciens, dont les préceptes austères ne pouvaient être mis en pratique que par une rare élite.

Épicure paraît avoir ouvert son école quelques années après Zénon. En tout cas il était sensiblement plus jeune que ce dernier et mourut bien avant lui, car il ne vécut que soixante-douze ans, tandis que Zénon atteignit l'âge de quatre-

---

1. Cicéron, *De fin.*, I, xx, 65. — II, xxv, 80.

vingt-dix-huit ans. Cependant l'épicuréisme ne fut pas une réaction contre la sévérité des Stoïciens, aucun des deux systèmes n'exerça originairement une influence quelconque sur la constitution de l'autre; que plus tard il n'en ait pas été de même, c'est probable; la lutte entre les deux écoles rivales devint de plus en plus âpre et acharnée; bien des hommes, ne se sentant pas la force d'adhérer au stoïcisme, se rejetèrent dans la doctrine opposée; mais ce n'est point à un tel sentiment qu'il faut attribuer la naissance de l'épicuréisme.

Ce qui nous frappe tout d'abord, c'est la docilité avec laquelle les disciples acceptèrent les doctrines du maître et les conservèrent sans altération. L'épicurisme n'a pas d'histoire : il est tout entier dans les enseignements d'Épicure auxquels le temps n'apporta point de modifications; aucun des Épicuriens n'a été un philosophe original, aucun n'a cherché à se faire un nom. Cependant il nous paraît juste de rappeler plusieurs des disciples immédiats d'Épicure.

Métrodore de Lampsaque que Cicéron appelle *pæne alter Epicurus*[1] et à qui le maître lui-même avait décerné le titre de Sage[2]. Les fragments d'un traité περὶ αἰσθητῶν publiés dans le

1. CICÉRON, *De fin.*, II, III, 7.
2. SÉNÈQUE, *Lettres*, LII, 3.

tome VI des papyrus d'Herculanum sont quelquefois donnés comme étant de lui, mais cette attribution est douteuse. Métrodore mourut sept ans avant Épicure qui ne cessa de prendre soin de ses enfants. On a au Louvre un buste d'Épicure à double face, représentant d'un côté le maître, de l'autre le disciple inséparable.

Polyænus qui, lui aussi, mourut avant son maître, était un mathématicien distingué. Hermarchus de Mitylène est souvent désigné par le nom d'Hermachus ; mais, d'après Zeller, il ne doit plus subsister de doutes sur sa véritable appellation ; c'est à lui que revint la direction de l'école après la mort du fondateur. Au même groupe appartenait encore Colotès, contre qui Plutarque devait écrire un livre 400 ans plus tard.

L'admiration pour le génie du maître que Lucrèce exprime dans tant de passages, l'adhésion sans réserve à sa doctrine sont des sentiments communs à toute l'école. Ils étaient charmés par les enseignements d'Épicure, ainsi que par le chant des Sirènes ; ils recevaient comme des vérités incontestables les principes posés par le maître ; leur conviction était profonde, leur dogmatisme intransigeant[1] ; ils apprenaient par cœur les for-

---

1. « Velleius fidenter sane, ut solent isti, nihil tam verens quam ne dubitare aliqua de re videretur, tanquam modo ex

mules du système [1], ils avaient grand soin de ne rien laisser perdre de ce que leur chef avait dit ou écrit; toucher à un seul point de la doctrine était à leurs yeux un véritable sacrilège : ἔστιν αὐτοῖς παρανόμημα, μᾶλλον δὲ ἀσέβημα, καὶ κατέγνωσται τὸ καινοτομηθέν [2]. « Épicure, dit M. Crouslé, fut le fondateur et le dieu d'une sorte de religion nouvelle... Les disciples d'Épicure formaient en réalité une petite église [3]. » Cette docilité est une nouveauté

---

deorum concilio et ex Epicuri intermundiis descendisset. » CICÉRON, *De nat. D.*, I, VIII, 18.

1. « Quis vestrum non edidicit Epicuri κυρίας δόξας? » CICÉRON, *De fin.*, VII, xx.
2. NUMENIUS, dans Muellach, *Fragm. philos.*, t. III, p. 153, col. 2. — Cf. NUMENIUS dans Eusèbe (*Præp. évang.*, XIV, cap. v, p. 727) : « Adeo nulla in re eos ab Epicuro dissensisse, quæ digna quidem sit memoratu, ut delictum potius apud eos fuerit et impietas et damnandum piaculum si quippiam fuerit innovatum, sic ut Epicuri institutio reipublicæ cuipiam veræ germanæque similis sit, ubi seditione omni remota, una mens communis, una moderatur sententia » (trad. Fr. Viger, *Patrologie grecque*, Migne, t. XXI).
3. « Il semble qu'Épicure ait eu le dessein prémédité de fonder une sorte de religion, si l'on peut donner ce nom à une doctrine sans dieux ou du moins sans culte. Ce n'est pas une simple école, c'est une église profane, avec des dogmes indiscutables, avec un enseignement qui ne change jamais et entourée d'institutions qui assurent la docilité des adeptes et protègent la doctrine contre les innovations. » MARTHA, *Le poème de Lucrèce*, p. 10. — « (La première raison du prestige qui s'est attaché au nom d'Épicure) c'est peut-être qu'Épicure crut et sut faire croire à ses disciples qu'aucun philosophe

chez les Grecs dont l'esprit était hardi et indépendant. « L'apparition et le succès de l'Épicurisme attestent, selon M. Croiset, un affaiblissement notable de la pensée spéculative en Grèce. »

L'extrême docilité des Épicuriens a donné matière à une singulière accusation : on leur a reproché d'avoir regardé Épicure comme un dieu et de l'avoir adoré. Sans doute dans cette petite société on pratiquait certains rites, on se réunissait pour des fêtes, pour des repas communs, on célébrait des anniversaires, on entourait d'un véritable culte la mémoire du maître, on lui élevait des statues, les disciples enthousiastes portaient toujours sur eux son image, ou bien un anneau, comme les esclaves affranchis; ils disaient qu'il était bien digne de son nom d'auxiliateur, ἐπικούριος. Quelques-uns évidemment ne surent pas s'arrêter en chemin; chez les petits esprits la superstition prend vite sa revanche de l'abolition des croyances religieuses. C'est ainsi que Néoclès,

digne de ce nom n'avait paru avant lui, qu'il avait apporté le premier et à jamais toute la vérité et les seules conditions du salut... Il n'est pas entièrement inutile, même devant l'histoire, de se vanter beaucoup et d'avoir des gens qui vous vantent, surtout si parmi ces panégyristes il se trouve un poète de l'âme et du génie de Lucrèce : il en reste toujours quelque chose. » L. CARRAU, *Revue des Deux-Mondes*, août 1888. — Cf. J. PICAVET, *De Epicuro novæ religionis auctore*, 1888.

frère d'Épicure, écrivit, dit-on, que leur mère était bien heureuse d'avoir, par un privilège unique, réuni dans son sein les atomes qui devaient former un tel sage [1]. Quant aux vers de Lucrèce qui égale Épicure aux dieux et le met au-dessus d'Hercule ou de Cérès, nous n'y pouvons voir autre chose qu'un brillant développement poétique; ce que le reste du poème nous fait connaître du caractère et des sentiments de l'auteur ne nous permet pas de nous méprendre sur le sens de ces expressions.

Mais, dit-on, un jour Colotès se jeta aux pieds de son maître, il l'adora et Épicure se garda bien de le détromper. Tout d'abord nous répondrons que cette anecdote, quoiqu'elle soit rapportée par Diogène Laërce, n'est peut-être pas bien authentique; il se peut qu'elle ait été inventée de toutes pièces ou que du moins la physionomie en ait été singulièrement altérée par la malignité des adversaires! En tout cas elle est unique et il n'en faudrait pas tirer des conclusions exagérées. Que Colotès, qui était du nombre de ces petits esprits dont nous parlions tout à l'heure, se soit laissé emporter par un enthousiasme irréfléchi, qu'Épicure lui-même ait été un moment grisé par le prestige que lui reconnaissaient ses amis, il n'y a là rien

---

1. PLUTARQUE, *On ne peut vivre heureux*, 1100 A.

que de très humain et cette faiblesse passagère ne nous paraît pas entacher sérieusement la valeur du système.

On s'est beaucoup indigné du fait que l'école était ouverte aux femmes et que plusieurs d'entre elles y ont joué un rôle éminent. On paraît méconnaître la liberté dont jouissaient les femmes dans la société athénienne et le goût que certaines ont manifesté pour la culture intellectuelle ; on paraît surtout oublier que Socrate prenait plaisir à s'entretenir avec des femmes, avec des courtisanes même et particulièrement avec Aspasie[1]. Il y 'avait un grand nombre de femmes dans les écoles de Pythagore et de Platon. Les mœurs des Épicuriens ne semblent pas avoir été autres que celles de leurs compatriotes et de leurs contemporains ; il serait souverainement injuste de leur faire un crime de pratiques que notre morale condamne, mais qu'ils n'avaient pas introduites en Grèce. Rien n'est plus faux que le tableau tracé par certains écrivains qui représentent le jardin d'Épicure comme une sorte de mauvais lieu et comme le théâtre de rencontres obscènes. Ils le comparent aux écuries d'Augias, à une étable à porcs ; ils donnent des détails précis qui font honneur à leur

---

1. PLATON, *Ménédème*.

imagination, mais non à leur sens critique.

On accuse encore les Épicuriens de s'être adonnés aux plaisirs de la table, d'avoir été familiers avec tous les excès du boire et du manger. Voilà qui est facile à dire, mais quelle preuve en peut-on apporter? On nous dit qu'ils aimaient à se réunir pour des repas communs ; mais quel était le menu de ces repas? Étaient-ce des festins, de ces banquets dont la chaleur communicative provoque toutes sortes de débordements de langage et de conduite? N'étaient-ce pas plutôt des réunions dont le plaisir de se retrouver, d'être assemblés par la communauté des idées et des sentiments faisait le principal charme? De la sobriété d'Épicure lui-même, nous avons des preuves irrécusables ; il dépensait fort peu pour sa nourriture journalière : « Hermarque, écrit-il, se vante de ne dépenser qu'un as par jour pour sa nourriture ; mais moi, je ne le dépense pas complètement. » Il se contentait fort bien de pain et d'eau ; il demande à un de ses amis de lui envoyer un fromage pour les jours où il voudra se donner un régal extraordinaire. Ce n'est point par l'attrait de la bonne chère qu'il prétendait séduire ses disciples, celui qui résumait en ces termes le programme de son école : « Étranger, ici tu te trouveras bien : ici réside le plaisir, le bien suprême. Tu trouveras dans cette demeure un maître hospitalier, humain et gracieux, qui te recevra avec du pain blanc et te servira abondamment de l'eau claire en te disant : N'as-tu pas été bien traité ? Ces jardins ne sont pas faits pour irriter la faim, mais pour l'éteindre, pour accroître la soif par la boisson même, mais pour la guérir par un remède naturel et qui ne coûte rien. Voilà l'espèce de volupté dans laquelle j'ai vécu, j'ai vieilli [1]. »

Certes nous ne pourrions pas rendre le même témoignage à tous les Épicuriens : il y en a beaucoup dont les désordres expliquent et justifient la mauvaise réputation de l'école. Mais, comme le fait remarquer judicieusement Sénèque, ce n'est pas par une fidèle application des principes d'Épicure qu'ils s'abandonnent à leurs passions; ils cherchent au contraire à colorer leurs passions du nom d'Épicurisme, qu'ils ont usurpé [2]. Il serait injuste de rendre le maître responsable de la conduite de ces prétendus disciples. D'autant plus que les adversaires de l'Épicurisme ont étrangement abusé du mot : ils ont affecté de confondre avec les Épicuriens des personnages dont la conduite et le

1. SÉNÈQUE, *Lettres*, XXI.
2. « Non ab Epicuro impulsi luxuriantur, sed vitiis dediti luxuriam suam in philosophiæ sinu abscondunt, et eo concurrunt ubi audiunt laudari voluptatem ». SENECA, *De vita beata*, XII.

caractère n'avaient rien de philosophique, affublant de ce nom des hommes qui n'avaient souci d'aucune doctrine, d'aucun système. Qu'on ne vienne donc plus nous parler des pourceaux du troupeau d'Épicure ; ces pourceaux, car beaucoup ne méritaient pas d'autre nom, n'étaient pas des Épicuriens.

Pour bien saisir le caractère de l'Épicurisme, pour en expliquer le succès merveilleux et durable, il faut considérer les circonstances dans lesquelles il fut conçu et enseigné. C'était quelques années après les prodigieuses conquêtes et la mort subite d'Alexandre, alors que ses généraux se disputaient et se partageaient son héritage. Les républiques grecques avaient péri l'une après l'autre ; il n'y avait plus nulle part ni liberté ni vie politique. L'ancienne religion n'avait plus de croyants et ne pouvait satisfaire les esprits. Le temps aussi était passé des grandes constructions spéculatives. Platon était mort en 347, sept ans avant la naissance d'Épicure, Aristote, en 322 ; aucun métaphysicien original ne leur avait succédé. La pensée grecque manifestait de nombreux symptômes de lassitude. Les philosophes qui continuaient d'enseigner dans l'Académie et dans le Lycée manquaient d'initiative et rétrécissaient de plus en plus les doctrines de leurs maîtres. On ne s'intéressait plus qu'aux questions qui se rapportent directement à la vie pratique; et, comme il y a deux sortes d'esprits, deux manières d'envisager la nature de l'homme et ses rapports avec l'ensemble des choses, deux systèmes opposés prirent naissance et furent accueillis avec empressement par un grand nombre d'adeptes, l'épicurisme et le stoïcisme : l'origine et le développement de ces deux systèmes sont exactement contemporains et parallèles. Il y a plus : l'épicurisme et le stoïcisme sont de tous les temps; les deux doctrines comptent encore dans les âges modernes un grand nombre de partisans [1].

[1] « Qui n'a rencontré, même de nos jours, un sage pratique, épicurien sans le savoir, modéré dans ses goûts, honnête sans grande ambition morale, se piquant de bien conduire sa vie? Il se propose de tenir en santé son corps, son esprit et son âme, ne goûte que les plaisirs qui ne laissent pas de regrets, que les opinions qui n'agitent point, se garde de ses propres passions et esquive celles d'autrui. S'il ne se laisse pas tenter par les fonctions et les honneurs, c'est de peur de courir un risque ou d'être froissé dans une lutte. D'humeur libre, éclairé, plus ou moins ami de la science, il se contente de connaissances courantes. Sans trop s'inquiéter des problèmes métaphysiques, il a depuis longtemps placé Dieu si haut et si loin qu'il n'a rien à en espérer ni à en craindre. Quant à la vie future, il l'a, pour ainsi dire, effacée de son esprit et ne songe à la mort que pour s'y résigner un jour avec décence. Cependant il dispose sa vie avec une prudence timide, se ramasse en soi, se limite, ne se répand au dehors que dans l'amitié qui lui paraît sûre, où il jouit des sentiments qu'il inspire et de ceux qu'il éprouve. Son égoïsme

M. A. Croiset, dans son histoire de la littérature grecque[1], dit que le principe de la morale épicurienne était foncièrement dangereux et qu'il a fait au monde antique beaucoup de mal. Nous croyons au contraire que la vogue de l'épicurisme et, nous n'hésitons pas à le dire, la transformation qu'il a subie, sont l'effet et non la cause de la décadence des mœurs. Voici en effet le témoignage de Curtius[2] : « Tous les nobles sentiments qui avaient éclaté en Grèce avaient leur raison d'être dans l'idée de l'État. Aussi lorsque le peuple se vit interdire ce terrain, lorsqu'il n'eut plus de patrie et que la vie municipale elle-même fut en souffrance, il dut perdre toutes les vertus qu'il avait héritées du passé... Le bien-être matériel, le confort de la vie de petite ville, voilà ce que la foule chercha à se procurer. Tous les nobles instincts allèrent s'affaiblissant de jour en jour. » Droysen trace un tableau plus sombre encore de l'état de la Grèce au commencement du iv° siècle : « Les masses appauvries, immorales; une jeunesse assauvagie

---

qui est noble, et qui voudrait être délicieux, a compris que la bienveillance est le charme de la vie, qu'on en soit l'objet ou qu'on l'accorde aux autres. » MARTHA, *Le poème de Lucrèce*, p. 7.

1. CROISET, *Histoire de la Littérature grecque*, V, p. 58.
2. CURTIUS, *Histoire grecque*, trad. Bouché-Leclercq, t. V, p. 449.

par le métier de mercenaires, usée par les courtisanes, détraquée par les philosophies à la mode ; une dissolution universelle, une agitation bruyante, une exaltation fiévreuse à laquelle succède la détente et l'hébétude, tel est le tableau déplorable de la vie grecque d'alors... (A Athènes en particulier) ces deux choses, la légèreté la plus coquette et la plus abandonnée, et la culture délicate, aimable et spirituelle qu'on a désignée depuis sous le nom d'atticisme, sont les traits caractéristiques de la vie d'Athènes sous la domination de Démétrius de Phalère. C'est une affaire de bon ton de visiter les écoles des philosophes ; l'homme à la mode est Théophraste, le plus adroit des disciples d'Aristote, sachant rendre populaire la doctrine profonde de son illustre maître, réunissant 1000, 2000 élèves autour de lui, plus admiré, plus heureux que ne le fut jamais son maître. Cependant ce Théophraste et quantité d'autres professeurs de philosophie étaient éclipsés par Stilpon de Mégare. Quand Stilpon venait à Athènes, les artisans quittaient leur atelier pour le voir, quiconque pouvait accourait pour l'entendre ; les hétaïres affluaient à ses leçons pour voir et pour être vues chez lui, pour exercer à son école cet esprit piquant par lequel elles charmaient tout autant que par leurs toilettes séduisantes et l'art de réserver leurs dernières faveurs. Ces courtisanes jouissaient de la société habituelle des artistes de la ville, peintres et sculpteurs, musiciens et poètes; les deux plus célèbres auteurs comiques du temps, Philémon et Ménandre, louaient publiquement dans leurs comédies les charmes de Glycère et se disputaient publiquement ses faveurs, sauf à l'oublier pour d'autres courtisanes le jour où elle trouvait des amis plus riches qu'eux. De la vie de famille, de la chasteté, de la pudeur, il n'en est plus question à Athènes; c'est tout au plus si on en parle encore; toute la vie se passe en phrases et en traits d'esprit, en ostentation, en activité affairée. Athènes met aux pieds des puissants l'hommage de ses louanges et de son esprit et accepte en retour leurs dons et leurs libéralités... On ne craignait que l'ennui ou le ridicule et on avait les deux à satiété. La religion avait disparu et l'indifférentisme de la libre pensée n'avait fait que développer davantage la superstition, le goût de la magie, des évocations et de l'astrologie; le fond sérieux et moral de la vie, chassé des habitudes, des mœurs et des lois par le raisonnement, était étudié théoriquement dans les écoles des philosophes et devenait l'objet de discussions et de querelles littéraires[1] ». « L'Épi-

---

1. DROYSEN, *Histoire de l'Hellénisme*, trad. par Bouché-Leclercq, t. II, l. III, ch. III.

curisme, dit de son côté M. Denis[1], ne corrompit rien et ne tua rien en Grèce parce qu'il n'y avait plus rien à corrompre ni à tuer. »

Le mérite d'Épicure, c'est d'avoir compris ce que réclament un grand nombre d'esprits et de leur avoir donné admirablement satisfaction[2]. Bien des hommes en effet se préoccupent par-dessus tout d'être heureux; le bonheur, c'est le dernier terme de leurs aspirations; mais, comme ils sont intelligents, ils ne peuvent refuser de tenir compte des exigences de leur esprit; ils ne sauraient être complètement heureux que s'ils donnent une raison plausible de la règle de leur conduite; ils éprouvent le besoin de concevoir une explication du spectacle

---

1. J. DENIS, *Hist. des Idées morales dans l'antiquité*, t. I, p. 294. — Il est curieux d'opposer à ces jugements l'opinion de M. J. Soury : « C'était le bon temps pour philosopher... Ces doctes loisirs, ce détachement du monde, des devoirs et des passions du citoyen, jamais Épicure ne les aurait trouvés dans les cités turbulentes, dévorées d'envie et de soupçons jaloux, oscillant sans cesse de la démagogie à la tyrannie, du monde grec antérieur à Alexandre et à Antipater ». J. SOURY, *Théories naturalistes du monde et de la vie dans l'antiquité*, 1881, ch. VII, p. 293.

2. C'est ce qu'a fort bien vu Nietzsche : « Pour être fondateur de religion, dit-il, il faut de l'infaillibilité psychologique dans la découverte d'une catégorie d'âmes moyennes et qui n'ont pas encore reconnu qu'elles sont de même espèce. Ces âmes, c'est le fondateur de religion qui les réunit (relligio). C'est pourquoi la fondation d'une religion devient toujours une longue fête de reconnaissance. »

que présentent les êtres et les phénomènes du monde, mais ils ne sont pas bien difficiles, bien exigeants en matière d'explication ; ils se contentent volontiers de la première théorie qu'on leur propose, qu'ils croient comprendre et qu'ils acceptent avec confiance ; ils ne se donnent pas la peine de la critiquer, de l'approfondir ; si leurs doctrines offrent quelques contradictions, ils ne s'en aperçoivent pas ou ne s'inquiètent pas de les résoudre. L'épicurisme leur apportait précisément ce qu'ils demandaient : « *O apertam et simplicem et directam viam,* » dit Cicéron[1]. Dans la lutte contre le Stoïcisme, les Épicuriens conservèrent une attitude défensive plutôt qu'offensive ; ils répondaient aux accusations de leurs adversaires, mais n'entreprenaient guère la critique des dogmes sur lesquels ceux-ci fondaient leur système. De tels hommes, considérant l'immensité de l'univers et le peu de place que nous y tenons, l'impossibilité où nous sommes de triompher des forces et des lois de la nature, n'entreprennent pas la lutte ; ils prennent facilement leur parti de notre faiblesse ; ils tâchent de s'accommoder le mieux possible de la condition qui nous est faite et s'arrangent pour passer agréablement le peu de temps que nous avons à vivre.

1. Cicéron, *De finibus*, I, XVIII, 57.

Quelques-uns d'entre eux sont des hommes d'un esprit très fin et très délicat; ce qui leur manque, c'est l'énergie de la volonté[1]. On les accuse souvent de lâcheté : c'est prononcer un bien gros mot et qui ne paraît pas justifié. L'Épicurien n'est pas un lâche : tout d'abord il travaille à s'affranchir des craintes qui rendent si malheureux la plupart des hommes, puis, s'il vient à être frappé par quelque infortune, il cherche à s'en consoler sans faire d'efforts surhumains et sans se payer de phrases ambitieuses. On comprend donc l'aversion qu'inspire un pareil système à ceux dont le caractère est fait surtout de fierté et de courage, qui ont une plus haute idée de la dignité de l'homme, qui ne se proposent pas d'autre but que d'être forts et à ceux aussi qui, convaincus que le seul objet digne de nous est la connaissance de la vérité, mettent les recherches scientifiques au-dessus de la poursuite du bonheur.

Épicure est un des écrivains les plus féconds de l'antiquité : il avait composé plus de 300 traités et ces ouvrages étaient bien de lui, il ne les gros-

---

1. Montaigne, *Essais*, I, xix : « De vrai, ou la raison se moque ou elle ne doit viser qu'à notre contentement et tout son travail tendre en somme à nous faire bien vivre et à notre aise, comme dit la Sainte Écriture : *et cognovi quod non esset melius nisi lætari et facere bene in vita sua* » (Eccles., iii, 12).

sissait pas au moyen de citations empruntées à ses devanciers. Chrysippe aussi lui écrivit beaucoup, car il ne voulait paraître inférieur en rien à ses adversaires; mais ses livres étaient plutôt des répliques, des polémiques que des exposés systématiques; en outre, son abondance était plus apparente que réelle, car bien des pages étaient remplies de citations prises ici ou là. Diogène Laërce nous a transmis les titres d'un certain nombre des ouvrages d'Épicure : un traité de la nature, en 37 livres; sur les atomes, le vide, résumé de ce qu'on a écrit contre les physiciens; objections des Mégariens; des dieux, de la sainteté, des fins, des manières de vivre (4 livres), de la justice et des autres vertus, des dons et de la reconnaissance, de la musique; puis des livres intitulés Chérédème, Hégésianax, Néoclès, Euryloque, Aristobule, Timocrate (3 livres), Métrodore (5 livres), Antidore (2 livres), Anaximène : quel était l'objet de chacun de ces ouvrages, c'est sur quoi il nous est impossible de risquer la moindre conjecture. En outre, le même historien reproduit textuellement, comme nous l'avons dit, une lettre à Hérodote, une à Pythoclès, une à Ménécée, un recueil de maximes principales et le testament du philosophe. Mais tandis que les Épicuriens étudiaient religieusement tous les écrits de leur maître et n'en lisaient pas d'autres [1], tous les autres philosophes professaient le plus profond dédain pour les livres d'Épicure et de ses disciples. Les admirateurs fanatiques d'Épicure disent qu'il ruina sa santé à force de travailler ; c'est probablement une erreur ; mais non moins fausse est la légende d'après laquelle ses maladies eurent pour causes ses débauches et son amour immodéré des plaisirs de la table.

Épicure ne doit pas être compté parmi les bons auteurs : il méprisait la gloire littéraire et ne se donnait pas la peine de soigner son style : οὐκ ἐπίπονον τὸ γράφειν, disait-il ; *nihil opus esse eum, qui philosophus futurus sit, scire litteras* [2]. Il improvisait, ne s'imposait pas de ratures. Il faisait peu de cas des arts, ce dont on lui a fait souvent un reproche et ce qui a lieu de nous étonner de la part d'un Grec. N'oublions pas que si Épicure enseignait à Athènes, il n'y était pas né et n'y avait point passé sa jeunesse ; sa première éducation avait été fort sommaire ; c'est peut-être pour cela que son style et son goût laissaient à désirer. On l'accuse d'écrire mal, d'employer des termes bas, des locutions incorrectes ; d'autres

---

1. Cicéron, *De Nat. D.*, II, xxix, 73 : « Vestra enim solum legitis, vestra amatis, ceteros causa incognita condemnatis. »
2. Cicéron, *De finibus*, II, iv, 12.

fois on lui reproche d'avoir introduit plusieurs néologismes : c'est une critique que l'on ne songerait pas aujourd'hui à adresser à un philosophe ou à un savant. La plupart des anciens s'accordent à lui reconnaître du moins le mérite de la clarté ; Cicéron le lui conteste souvent, mais pas toujours : *Complectitur verbis quod vult et dicit plane quod intelligam* [1]. Il semble, en effet, qu'étant donné le caractère qu'il entend imprimer à son système et le genre de disciples auxquels il fait appel, c'est surtout à la clarté qu'il doit prétendre. « Il a du nerf et du trait, dit M. Croiset, mais ni émotion, ni imagination. »

Il plaisante rarement et lourdement, il n'y a rien chez lui qui rappelle l'ironie socratique. Quoi de plus clair, de plus simple en apparence que l'épicurisme ? A la réflexion, bien des difficultés se présentent, des questions se posent auxquelles le maître ne fait qu'une réponse évasive. Les explications nous paraissent souvent insuffisantes, mais lui ne s'arrête pas pour si peu. Certains auteurs, entre autres Plutarque, lui reprochent de ne pas s'être donné la peine d'étudier et de réfuter les théories de ses devanciers, surtout de Platon et d'Aristote ; c'est une critique à laquelle

---

1. Cicéron, *De finibus*, I, v, 15.

il n'aurait pas été sensible, car il ne faisait point de cas de l'érudition et déclarait inutile la recherche curieuse de l'histoire. Il n'avait pas étudié les mathématiques qui sont, d'après Platon, le vestibule de la philosophie. Quelques commentateurs, interprétant certains textes de Cicéron, croient qu'Épicure avait un enseignement exotérique et un enseignement ésotérique. Clément d'Alexandrie [1] dit que les Épicuriens avaient des doctrines secrètes qu'ils ne révélaient pas au vulgaire et se gardaient bien d'écrire ; cela ne nous paraît pas vraisemblable.

Épicure n'est pas un philosophe original : pas une seule de ses théories qui n'ait été bien avant lui enseignée par quelque autre [2] ; et pourtant, s'il n'a pas imaginé une théorie de son cru sur les principes des choses, ne nous hâtons pas d'en conclure que son génie n'avait pas assez de puissance pour cela ; il n'attachait pas, nous l'avons dit, une grande importance à l'étude des sciences

---

1. CLÉMENT D'ALEXANDRIE, *Stromates*, V, XII, 139. *Diogène Laërce*, X, 5.
2. « Pourquoi hésiterions-nous à comparer Épicure à ces oiseaux nonchalants et sans industrie qui, sans prendre la peine de se construire une demeure, vont déposer leur jeune famille dans quelque vieux nid abandonné et ne travaillent des pieds et de l'aile que pour arranger selon leurs besoins cet asile emprunté ? » MARTHA, *Le poème de Lucrèce*, p. 86.

naturelles et ne leur reconnaissait de valeur qu'en tant qu'elles apportent un concours nécessaire à la morale. Il s'occupa donc longuement des questions de physique; son traité περὶ φύσεως n'avait pas moins de 37 livres. Tous les historiens sont d'accord sur ce point qu'il n'a fait faire de progrès ni à la science, ni à la philosophie; mais il n'en a jamais manifesté l'ambition. Il se vantait, nous dit-on, de ne rien devoir à personne, d'être le seul auteur de son système et ne tarissait pas en railleries plus ou moins spirituelles sur tous les philosophes antérieurs; n'y a-t-il point là une contradiction qui ne tourne pas précisément à son honneur? Il disait que Nausiphane n'était qu'un poumon (πλεύμονα), à cause sans doute de la force et de la beauté de sa voix; Platon, un homme d'or (χρυσοῦν), ami du faste; Aristote, un débauché, ἄσωτον, qui avait mangé son patrimoine; Protagoras, un portefaix; Héraclite, un brouillon (κυκητήν); les Cyniques, les ennemis de la Grèce; les Dialecticiens, des corrupteurs; Pyrrhon, un ignorant et un homme mal élevé; Démocrite, un maître d'écriture et de lecture (γραφέα). D'autres fois il parodiait le nom de ce dernier et l'appelait Ληρόκριτον [1].

---

1. Diogène Laerce, X, 8.

Tout d'abord, il faudrait savoir — et nous n'y pouvons parvenir — à quoi se réduisent au juste ces plaisanteries dont on fait si grand bruit. Devons-nous y voir des propos qui lui étaient coutumiers ou des bons mots qu'il a lancés au cours d'une conversation familière, qui ont été répétés par des auditeurs amusés, puis adroitement exploités par la malignité des adversaires ? Prenons garde d'être induits en erreur par l'aoriste d'habitude : il peut nous présenter comme un langage ordinaire d'Épicure ce qu'en réalité il n'a dit qu'une fois, ἅπαξ λεγόμενον, et encore dans quelles circonstances, voilà ce qu'il nous faudrait connaître. De nombreux témoignages, en effet, nous attestent qu'Épicure faisait un grand éloge de Démocrite et déclarait qu'il s'en était souvent inspiré ; quant à Nausiphane, il avait peut-être des raisons personnelles de lui en vouloir. Il est très vraisemblable que, poussé à bout par les tracasseries de ses adversaires qui lui rebattaient les oreilles du nom des anciens philosophes, prétendant qu'il les avait pillés sans merci, il perdit patience et passant de la défensive à l'offensive, se moqua d'eux afin de séparer sa cause de la leur. Que les disciples aient exagéré cette tendance de leur maître et qu'ils se soient amusés à des plaisanteries encore plus irrévérencieuses contre des hommes pour lesquels la plupart de leurs contemporains professaient un profond respect, c'est probable ; mais c'est là une faute de goût dont nous ne devons pas accuser Épicure lui-même. On peut entendre dans un sens favorable cette proposition qu'il n'avait rien appris d'aucun maître : il disait — et il croyait probablement — que s'il soutenait telle ou telle théorie, ce n'était pas parce que Démocrite ou Aristippe la lui avait enseignée, mais parce qu'il l'avait lui-même reconnue vraie; en quoi il se faisait illusion; il n'aurait pas trouvé toutes ces idées si d'autres ne les avaient eues avant lui et ne l'avaient mis sur la voie. Quand nous soutenons qu'Épicure fut un grand homme, nous ne reconnaissons pas moins qu'il fut un homme et que, grisé par la vogue de sa doctrine, par les applaudissements de ses élèves, il se fit une idée beaucoup trop haute de son mérite, de son rôle et de la valeur de son système. Loin de nous la pensée de rejeter tous les propos qu'on lui attribue; ils trahissent une vanité excessive et surtout déplacée; mais cette vanité nous paraît, sinon excusable, du moins très explicable. Dans son admiration exclusive pour Épicure, Lucrèce exagère encore cette revendication d'originalité et méconnaît tous les anciens philosophes : *Pri-*

mum graius homo... primusque obsistere contra.

C'est un reproche que nous aurons souvent occasion d'adresser à Épicure : il ne s'est pas arrêté à temps; peut-être croyait-il donner plus de force à sa pensée en l'exagérant. C'est ainsi qu'il condamnait en termes formels l'étude de toutes les sciences et que, sur ses instances, un de ses amis, Polyænus, renonça à la culture des mathématiques. En somme, il ne faisait que reprendre l'opinion de Socrate; celui-ci enseignait que les hommes ont tort de perdre leur temps en recherches curieuses sur des questions qui leur importent peu ou point, tandis qu'ils devraient concentrer tous leurs soins sur les choses qui concernent leur bonheur [1]. « Les philosophes post-aristotéliques, dit Brandis, ont, comme Socrate, ramené la philosophie du ciel sur la terre. » Il est impossible d'aller plus loin sans se contredire trop manifestement; on ne saurait formuler une théorie morale qu'en s'appuyant sur une philosophie, et la philosophie à son tour ne sait rien que ce que la science lui a appris. Épicure le reconnaît puisqu'il s'est donné la peine d'édifier un système complet; il voit combien est pressante la curiosité de l'esprit, mais il s'imagine qu'elle

---

1. Xénophon, *Mémorables*, IV, 7.

peut se contenter d'une satisfaction quelconque et ne croit pas que la faiblesse de sa physique puis se compromettre la solidité de sa morale. Il pense même que la recherche approfondie des difficultés scientifiques peut nuire à la rectitude naturelle de l'esprit et que ceux qui montrent le plus de bon sens sont ceux qui se piquent le moins de science. Le ton d'Épicure est toujours très affirmatif; il a horreur du scepticisme. Cette théorie, dit-il, est contradictoire : comment un homme peut-il savoir qu'il ne sait rien? Ce qu'il reproche surtout au scepticisme, c'est de ne pouvoir fonder une règle de conduite, car nous agissons toujours d'après ce que nous croyons; l'éthique doit donc avoir pour base un ensemble de convictions bien arrêtées. Ses disciples sont plus dogmatiques encore que lui; Lucrèce considère ce système comme l'expression de la vérité absolue : *veram ad rationem... Id falsa totum ratione receptum est.*

Aristote avait proclamé l'indépendance et la légitimité des études spéculatives; il avait mis le besoin de savoir au premier rang parmi les appétits naturels de l'homme, il avait soutenu que l'effort que nous dépensons pour le contenter est le plus noble emploi que nous puissions faire de notre activité, que les sciences doivent être estimées d'autant plus qu'elles sont plus inutiles, enfin que les vertus théorétiques sont plus parfaites que les vertus pratiques.

La doctrine d'Épicure est beaucoup moins ambitieuse : la vie pratique doit être non seulement notre principale mais notre unique préoccupation. La philosophie n'est pas une science, c'est une règle de conduite : Ἐπίκουρος ἔλεγε τὴν φιλοσοφίαν ἐνέργειαν εἶναι λόγοις καὶ διαλογισμοῖς τὸν εὐδαίμονα βίον περιποιοῦσαν[1]. Nous devons philosopher non en paroles, mais en actes, la philosophie n'est pas un savoir dont il y ait lieu de faire montre. Épicure écrivait à Pythoclès : « Fuis, mon cher, la science à pleines voiles. » Il proscrivait aussi rigoureusement, et pour les mêmes motifs, la culture des arts. Voici ce qu'il disait non seulement de la géométrie, de l'arithmétique, de l'astronomie, mais aussi de la musique et de la poésie : *A falsis initiis profecta et vera esse non possunt et, si essent vera, nihil afferrent quo jucundius, id est melius, viveremus..... In poetis nulla solida utilitas omnisque puerilis est delectatio*[2]. Il professait aussi un profond mépris pour la recherche curieuse de l'histoire : puisque le passé est passé, à quoi bon nous en inquiéter ?

1. Sextus Empiricus, *Adv. Math.* (*Ethicos*), XI, 169.
2. Cicéron, *De finibus*, I, XXI.

Nous n'étudierons donc les phénomènes physiques que parce qu'il nous est impossible de ne pas les remarquer, de n'en pas chercher l'explication et dans la mesure seulement où nous en pourrons tirer quelque indication utile pour notre conduite. Épicure a senti — et cela nous montre que c'était un esprit véritablement philosophique — la soif d'unité qui tourmente l'intelligence humaine, le besoin de mettre d'accord nos croyances théoriques et nos principes pratiques, de fonder les règles de notre morale sur une conception de notre nature et de l'univers où nous sommes placés. Tout le système n'est en réalité qu'une morale, une théorie du bonheur ; or, il n'y a pas de bonheur possible pour l'homme tant qu'il est tourmenté de la peur de la mort et de la crainte des dieux ; il faut donc l'en affranchir en lui faisant connaître les lois et les principes de la nature ; enfin, pour faire comprendre la solidité des explications qu'on lui fournit et pour le garantir contre les séductions de l'erreur, il faut déterminer les moyens que nous avons de connaître le vrai et de le discerner du faux. La canonique et la physique sont nécessaires ; mais encore une fois, nous ne devons les étudier qu'en raison des services qu'elles rendent à la morale et nous ne devons nullement nous inquiéter des problèmes qui n'ont pas de rapport avec la vie pratique¹. Ce qui fait la valeur de la canonique c'est qu'elle fonde en nous la certitude ; or, la certitude est un des contre-forts du bonheur, puisqu'elle seule donne la sécurité et l'ataraxie². La canonique n'est en réalité qu'une partie de la physique : *Epicurei duas partes philosophiæ putaverunt esse, naturalem atque moralem : rationalem removerunt. Deinde cum ipsis rebus cogerentur ambigua decernere, falsa sub specie veri latentia coarguere, ipsi quoque locum quem de judicio et regula appellant, alio nomine rationalem induxerunt : sed eam accessionem esse naturalis partis existimant*³. La physique affranchit l'homme des préjugés et des terreurs qui l'empêchent d'être heureux; la morale lui enseigne d'une manière positive les moyens d'arriver au bonheur.

Voici comment Épicure déterminait l'objet des trois parties de la science : la canonique étudie

---

1. Bacon reprochait à Épicure « d'avoir accommodé et assujetti sa philosophie naturelle à sa morale, en ne voulant admettre aucune opinion qui pût affliger, inquiéter l'âme et troubler cette eurythmie dont Démocrite lui avait donné l'idée ». *De dign. et augm.*, II, 13.

2. G. Lyon, *Bibliothèque du Congrès de philosophie de 1900.*

3. Sénèque, *Lettres*, LXXXIX, 11.

περὶ κριτηρίου καὶ ἀρχῆς καὶ στοιχειωτικοῦ; la physique, περὶ γενέσεως καὶ φθορᾶς καὶ περὶ φύσεως, la morale; περὶ αἱρετῶν καὶ φευκτῶν καὶ περὶ βίων καὶ τέλους. Il n'attribue aux autres parties de la philosophie qu'une importance secondaire; faut-il donc nous étonner si ses théories nous paraissent faibles et facilement criticables? Il se borne à affirmer, il ne discute pas; cela n'en vaut pas la peine; il a hâte d'arriver à des questions véritablement sérieuses et intéressantes. Mais nous trouvons fort injuste la condamnation prononcée en termes si catégoriques par Ritter[1] : « Nous ne pouvons voir dans l'ensemble des doctrines d'Épicure un tout dont les parties soient bien assorties. Il est évident que la canonique et la physique ne sont qu'un appendice maladroit de sa morale. Mais qui pourrait faire l'éloge de la morale d'Épicure, soit à cause des vérités qu'elle renferme, ou même pour son originalité, ou bien enfin pour l'enchaînement qui y règne? D'abord, nous ne la trouvons point originale... On ne peut pas dire que ce soit une doctrine bien liée... Cette doctrine nous paraît de peu de valeur scientifique. »

1. RITTER, *Histoire de la philosophie ancienne*, III, 412.

CHAPITRE IV

CANONIQUE.

On a souvent expliqué avec quelle prédilection les Grecs et tout particulièrement les Athéniens, hommes d'esprit subtil et amoureux des belles discussions, avaient étudié et multiplié les règles de la Logique; or, de toutes ces merveilleuses difficultés, Épicure ne tient aucun compte; il déclare cette étude superflue, παρέλκουσαν, au grand scandale de beaucoup de ses contemporains et de bon nombre d'historiens postérieurs. D'après certains auteurs, Épicure condamnait non pas toute la logique, mais celle des Stoïciens, ἄλλοι δὲ ἦσαν οἵ φασι μὴ κοινῶς αὐτὸν τὴν λογικὴν παρῃτῆσθαι, μόνην δὲ τὴν τῶν Στοϊκῶν[1]. Ceux-ci au contraire étaient très fiers de leur subtilité, μέγα φρονοῦσιν ἐπὶ τῇ τῶν λογικῶν ἐξεργασίᾳ. « La logique, dit Lange[2], fut la science qu'Épicure développa le moins; mais il le fit à dessein

---

1. SEXTUS EMPIRICUS, *Adv. logicos*, VII, 15.
2. LANGE, *Histoire du Matérialisme*, 1re part., ch. IV.

et pour des motifs qui honorent grandement son intelligence et son caractère. Quand on se rappelle que la plupart des philosophes grecs cherchaient à briller par des thèses paradoxales, par les subtilités de la dialectique et qu'ils embrouillaient les questions au lieu de les éclaircir, on ne peut que louer le bon sens d'Épicure d'avoir rejeté la dialectique comme inutile et même comme nuisible. Aussi n'employait-il pas de terminologie technique, aux expressions étranges, mais il expliquait tout dans la langue usuelle. « Dans son « école, dit Gassendi, on ne perdait pas son temps « à des discussions sur le crocodile, les cornes, le « voilé, dont les Stoïciens étaient si fiers. » Il n'expose pas les règles de la définition, de la démonstration, de la réfutation des sophismes [1].

Il s'occupe uniquement de la question du critérium, mais il ne prend pas ce mot dans le sens que nous lui donnons aujourd'hui : à ce point de vue, le critérium de la certitude c'est l'évidence : πάντων κρηπὶς καὶ θεμέλιος ἡ ἐνάργεια [2]. D'autres fois, Épicure

---

1. CICÉRON, *De finibus*, I, vij, 22. « In logica iste vester plane, ut mihi quidem videtur, inermis ac nudus est. Tollit definitiones; nihil de dividendo ac partiendo docet. Non quomodo efficiatur concludaturque ratio tradit, non qua via captiosa solvantur, ambigua distinguantur ostendit. » *Ibid.*, xix, 63. — *Acad. prior.*, II, xxx, 97. — DIOGÈNE LAERCE, X, 31.

2. SEXTUS EMPIRICUS, *Adv. logicos* (*Math.*, VII), 216.

invoque le principe de contradiction : nous ne devons pas admettre comme vrai ce qui est impossible[1]. C'est au nom du principe de contradiction qu'il confondait les sceptiques. Il s'agit chez lui des sources de nos connaissances, des moyens que nous avons de pénétrer la vérité. Ces sources sont au nombre de trois, la sensation, l'anticipation et le sentiment, αἴσθησις, πρόληψις, πάθος[2]; mais, si nous y regardons de près, nous voyons que les deux dernières découlent de la première et que toutes nos connaissances nous viennent des sens, ἐπίνοιαι πᾶσαι ἀπὸ τῶν αἰσθήσεων γεγόνασι[3]. Dans la connaissance, l'âme est toujours passive; toute sensation est un choc, πληγή. Le système d'Épicure est donc tout l'opposé de la doctrine platonicienne, de la théorie des Idées et de la Réminiscence; nous n'y trouvons pas trace non plus de la distinction établie par Aristote entre l'intellect passif et l'intellect actif.

La certitude a pour principe la confiance naturelle que nous accordons au témoignage des sens; cette confiance est immédiate et nécessaire; dès qu'on l'ébranle, rien ne reste debout. La sensation est claire par elle-même, ἐναργής: ce n'est pas

1. DIOGÈNE LAERCE, X, 32, 38.
2. DIOGÈNE LAERCE, X, 31.
3. DIOGÈNE LAERCE, X, 32.

autre chose en effet que le mouvement communiqué à nos organes par l'objet extérieur, sans que rien y soit ajouté ni retranché. Lorsque Épicure nous dit que les sens sont toujours véridiques, qu'une perception n'a pas plus d'autorité qu'une autre, il paraît oublier le rôle de l'attention. Cependant la connaissance que nous avons des choses sensibles dépend non seulement de l'intensité de l'action exercée sur nos organes, mais aussi de l'effort par lequel nous appliquons notre esprit, car nous voyons distinctement des objets fort petits. M. F. Thomas, qui insiste sur cette remarque, cite à l'appui plusieurs vers de Lucrèce; mais il semble que cette observation soit due à des Épicuriens postérieurs.

Il nous est impossible de contrôler le témoignage des sens ; en appellerons-nous d'un sens à un autre? mais ils ont tous une égale légitimité, une égale autorité, τὴν ἰσοσθένειαν, et rien ne nous autorise à attribuer à l'un le privilège de corriger les autres. La sensation de l'œil gauche ne peut réfuter celle de l'œil droit. De plus, chaque sens a pour objet propre la perception d'une certaine qualité que les autres sens ne peuvent connaître : la vue n'a aucune idée du son, l'oreille de la couleur, de l'odeur, de la saveur, de la température; un sens ne peut donc rectifier les données d'un autre sens. (Ce n'est pas ici le lieu d'examiner si les études des psychologues modernes sur le rôle du toucher et sur l'éducation des sens les uns par les autres ont contredit ces assertions; nous nous bornons à exposer les théories d'Épicure auxquelles ses adversaires ne savaient que répondre.) Invoquerons-nous l'autorité de la raison? Elle ne nous fournit aucune connaissance qui ne lui ait été tout d'abord apportée par les sens; elle ne peut prévaloir contre eux, puisque c'est à eux qu'elle doit tout. Mais, direz-vous, les perceptions des différents hommes ne sont-elles pas contradictoires, ainsi que l'a montré Platon dans la critique qu'il a faite de la doctrine de Protagoras? Qu'importe? Car ce qu'il faut considérer, ce n'est pas la sensation même, mais l'interprétation que nous en faisons en nous appuyant sur une expérience répétée.

Nous ne sommes pas réduits à la seule connaissance des phénomènes ou des objets qui frappent actuellement nos sens : l'idée que nous avons acquise subsiste, elle laisse une empreinte, τύπος, qui se conserve dans la mémoire, μνήμη τοῦ πολλάκις ἔξωθεν φανέντος. Souvent les souvenirs et les images qui les accompagnent se présentent à nous spontanément, mais nous pouvons aussi les évoquer volontairement. En outre, parmi nos sensations beaucoup sont la reproduction plus ou moins complète, plus ou moins exacte de sensations antérieures; il y a là quelque chose que nous ne manquons pas de remarquer et qui explique la formation d'idées générales, καθολικαὶ νοήσεις. Épicure avait bien vu les différents rapports selon lesquels s'associent les idées: καὶ γὰρ καὶ ἐπίνοιαι πᾶσαι ἀπὸ τῶν αἰσθήσεων γεγόνασι κατά τε περίπτωσιν, καὶ ἀναλογίαν, καὶ ὁμοιότητα, καὶ σύνθεσιν, συμβαλλομένου τι καὶ τοῦ λογισμοῦ; toutes nos connaissances procèdent des sens, ou bien par incidence (lorsque l'objet tombe directement sous nos sens; c'est ainsi que nous acquérons l'idée du soleil, de la lune, de Socrate), ou bien par analogie (quand nous formons l'idée de géant ou de pygmée, en agrandissant ou en rapetissant l'idée d'homme, que nous avions antérieurement), ou bien par ressemblance (nous nous faisons l'idée d'une ville que nous ne voyons pas d'après une autre ville que nous avons vue), ou bien par combinaison (ainsi l'idée d'hippocentaure résulte de la combinaison de l'idée de l'homme avec l'idée de cheval). Il n'y a rien de plus dans nos idées et dans les mots que nous employons pour les exprimer que ce qui nous a été donné par la perception; le langage nous rappelle les sensations que nous avons eues précédemment, rien de plus [2].

1. Diogène Laërce, X, 32.
2. Diogène Laërce, X, 33.

Enfin, l'expérience du passé fait naître en nous des habitudes sous l'empire desquelles nous prévoyons l'avenir, nous nous attendons à ce qui va se produire, à ce que nous allons percevoir. Ces anticipations, ou notions antécédentes, qui jouent un grand rôle dans notre vie intellectuelle, s'expliquent par des perceptions antérieures et ne constituent pas à proprement parler une source distincte de connaissances. Épicure est le premier qui ait employé le mot πρόληψις[1].

Les sensations ne nous font connaître que les qualités; quant à la nature même des choses, nous n'avons aucun moyen de la pénétrer : « Nous pouvons porter des jugements sur la figure, la couleur, le poids, sur tout ce qu'on affirme des corps, en tant qu'accidents attachés soit à tous les corps, soit à ceux que nous pouvons voir ou connaître par les autres sens, mais non sur l'essence même des choses, dont nous ne pouvons avoir aucune idée[2]. »

---

[1]. Cicéron, *De Natura Deorum*, I, xvi : « πρόληψιν appellat Epicurus... anteceptam animo rei quamdam informationem, sine qua nec intelligi quidquam nec quæri nec disputari potest; cujus rationes, vim atque utilitatem ex illo cœlesti Epicuri de regula et judicio volumine accepimus ». *Ibid.*, I, xvii, 44 : « Ut Epicurus ipse πρόληψιν appellavit, quam antea nemo eo verbo nominarat. »

[2]. Diogène Laerce, X, 68.

Toutes ces propositions se tiennent parfaitement et constituent un exposé très clair et très logique du sensualisme. Malheureusement Épicure n'y reste pas toujours fidèle et semble leur donner un formel démenti. Il prête parfois au mot anticipation une portée toute autre, il attribue à l'homme une sorte de pressentiment, un sens de la vérité dont il n'explique pas la nature et dont il serait bien embarrassé de rendre compte. Il ne faut pas considérer les προλήψεις comme des idées innées, car alors se poserait la question : Pourquoi devons-nous toujours admettre les προλήψεις comme vraies? n'en pouvons-nous avoir aussi bien de fausses? A quoi Épicure ne pourrait rien répondre. Mais voici qui est plus grave encore : il enseigne que les principes de toutes choses sont les atomes et le vide. Le vide évidemment ne peut être perçu par aucun sens, puisque c'est le néant; il en faut dire autant des atomes qui, par suite de leur extrême petitesse, ne sont ni visibles, ni tangibles; et cependant nous en affirmons l'existence; la croyance à la réalité de ces deux principes est fondamentale : ils ne sont pas connus par les sens; ils sont conçus par la raison, λόγῳ θεωρητά. N'est-ce pas proclamer qu'il y a d'autres connaissances que les connaissances sensibles, et que les connaissances rationnelles sont d'un ordre supérieur, d'une certitude primordiale, puisque ce sont elles qui rendent compte des apparences sensibles? Ces contradictions ne troublent pas Épicure; il n'attache pas grande importance aux questions de logique; il s'efforce de résoudre les difficultés à mesure qu'elles se présentent et, si les solutions qu'il donne successivement ne s'accordent pas entre elles, il ne prend pas la peine de les concilier.

Quant à la troisième source de connaissances, πάθος, il ne nous semble pas que la plupart des historiens en aient signalé l'importance. Les objets extérieurs, en même temps qu'ils nous communiquent des idées, font une certaine impression sur notre sensibilité; tout phénomène instructif est du même coup un phénomène affectif; le cours de notre vie est constitué, non seulement par une série de perceptions, mais par une suite de plaisirs et de douleurs. Nous distinguons donc les objets selon l'impression qu'ils produisent sur nous; c'est d'après cela, et d'après cela seulement, que nous les appelons bons ou mauvais; tous les jugements que nous portons sur la valeur des choses et même des personnes ont pour point de départ un sentiment que nous avons éprouvé, πάθος. Cette impression est directe et infaillible; il ne peut venir à l'esprit de personne de contester la réalité du plaisir ou de la douleur que nous ressentons; le jugement que nous avions d'abord prononcé peut être modifié ultérieurement, mais c'est toujours à la suite d'une nouvelle expérience douloureuse ou charmante. Ces impressions de plaisir et de douleur, c'est par les sens que nous les éprouvons.

Maintenant il nous faut aller plus loin et nous demander comment s'explique l'action des objets sur nos sens; car un grand nombre de nos perceptions et de nos sensations se produisent non pas à la suite d'un contact immédiat, ce qui est le propre du toucher, mais à une distance plus ou moins grande. Rien en apparence de plus simple que la théorie épicurienne de l'émanation, rien en revanche qui résiste moins à un examen un peu sérieux. De la surface des corps se détachent continuellement de minces couches d'atomes, des effigies, qui voltigent dans l'espace et viennent agir sur nos sens; Lucrèce les compare à ces peaux que les cigales et les serpents dépouillent au printemps et que nous retrouvons dans les épines ou sur les feuilles. Pour les désigner, Mayor, dans les notes de son édition de Lucrèce, emploie le mot *films*, en français pellicules, familier à tous ceux qui s'occupent de photographie.

Comment ces diverses émanations, ἀπόρροαι, ἀποσπάσεις, vont-elles chacune au sens qui lui convient, c'est ce qui n'est pas clairement exposé. Tout le monde explique par des exhalaisons l'odeur qu'émettent les fleurs et un grand nombre de corps, la chaleur, le froid, l'humidité; il en est de même de la perception des autres qualités des choses. Épicure semble s'être peu occupé du son et de l'écho, il a surtout traité de la lumière et des couleurs. Quant aux perceptions du toucher, elles diffèrent de celles des autres sens, elles sont produites par contact immédiat et non par émanations; elles nous font donc connaître directement les propriétés des corps, la dureté et le poids. Les membranes conservent la forme des objets dont elles sont parties et nous donnent alors des connaissances exactes. Nous devons croire qu'elles sont conformes aux objets, puisqu'elles en émanent, elles nous les font connaître tels qu'ils sont réellement. Mais il faudrait, pour que nous pussions avoir confiance dans le témoignage de nos sens, que nous soyons bien sûrs qu'il en est toujours ainsi; or, nous ne le sommes pas et nous savons même le contraire. Quelquefois, les effigies durent plus que l'objet lui-même et survivent à sa destruction.

Épicure prétend que nous ne devons pas croire le soleil plus grand qu'il ne nous paraît être; il est étrange que son opinion sur ce point n'ait pas été rectifiée par l'expérience continuelle du rapetissement que la distance détermine dans la vision des objets les plus familiers, comme les arbres ou les maisons. Les effigies, étant formées de particules extrêmement petites, sont animées d'un mouvement très rapide et ne provoquent guère de résistance; leur vitesse égale celle de la lumière, elles traversent non seulement l'air, mais aussi les corps transparents, tels que le verre. Quand elles viennent à tomber sur une surface polie, comme celle d'un miroir ou des eaux, elles se réfléchissent et reviennent en arrière. Mais elles peuvent faire aussi de mauvaises rencontres : elles se heurtent à des obstacles qui les arrêtent et les empêchent d'aller plus loin; elles entrent en conflit avec la foule innombrable des effigies émanées de tous les autres objets, de sorte qu'elles sont défigurées, déformées, qu'elles se combinent avec les unes ou avec les autres : telle est la source de toutes nos illusions. Si nous écoutons de près une personne qui nous parle, nous distinguons les mots et nous en comprenons le sens; quand nous entendons de loin une foule où bien des gens discutent, nous percevons un bruit confus, plus ou moins fort, mais nous ne discernons rien.

Notre erreur n'est jamais complète ; il y a quelque chose de vrai dans les hallucinations, dans les rêves, dans les conceptions les plus bizarres des fous. Ce qui se présente à l'esprit est incontestablement réel, mais les hommes se trompent souvent dans leurs jugements, dans l'interprétation qu'ils font du témoignage de leurs sens. Lorsque Oreste croyait voir les Furies, sa sensation était vraie, car ces images étaient en effet devant ses yeux, mais son erreur consistait à prendre pour des corps solides ce qui excitait en lui ces images. Il semble bien que cet aveu, auquel Épicure ne peut échapper, soit en contradiction avec ce qu'il avait affirmé d'abord. Les hallucinations, dit-il, les rêves sont vrais ($\dot{\alpha}\lambda\eta\theta\tilde{\eta}$), puisqu'ils produisent une impression ($\varkappa \iota \nu \varepsilon \tilde{\iota} \ \gamma \dot{\alpha} \rho$), ce que ne pourrait faire ce qui n'est pas ($\tau \dot{o} \ \mu \dot{\eta} \ \ddot{o} \nu$)[1]. Épicure n'aurait-il pas dû insister sur cette distinction entre le réel et le vrai ?

Les sensations ne nous fournissent que les premiers matériaux de nos connaissances ; au moyen de ces matériaux nous élevons un édifice de plus en plus vaste et compliqué par toutes

---

1. Diogène Laerce, X, 32.

sortes de jugements et de raisonnements; nous formons des opinions, δόξας, des suppositions, ὑπολήψεις. Les Stoïciens accusaient les Épicuriens d'avoir méconnu le rôle et la fécondité du raisonnement; en réalité, ils raisonnaient beaucoup, moins sans doute que leurs adversaires, et surtout autrement. Il est un mot qu'Épicure emploie fréquemment, c'est ἐπιλογισμός; mais que faut-il entendre par là? ἐπιλογίζεσθαι est-ce autre chose que réfléchir attentivement, faire effort pour comprendre? encore un point auquel Épicure paraît avoir attaché peu d'importance ou sur lequel du moins les textes sont en désaccord. Épicure refusait formellement d'admettre ce principe sur lequel les Stoïciens faisaient tant de fond : de deux propositions contradictoires, l'une est nécessairement vraie, l'autre fausse. S'il en était ainsi, dit-il, il n'y aurait pas de liberté[1]. Cette doctrine a été très diversement jugée par Renouvier. Dans l'Histoire de la philosophie ancienne, il disait : « Épicure ignorait la logique; il raisonnait assez mal pour prétendre que l'axiome : toute proposition doit être nécessairement vraie ou fausse, se peut éluder; il renversait toute notion du nécessaire et l'esprit même de la science. » Mais

---

1. Cicéron, *Lucullus*, XXX, 97. — *De Nat. D.*, I, xxv, 70.

revenant plus tard sur la même question, il s'exprimait ainsi : « C'est un des points sur lesquels Épicure a montré le plus de pénétration et de conséquence dans ses vues. Le parti pris des Épicuriens à cet égard leur fait beaucoup d'honneur. »

Le livre sur les sciences expérimentales, dont les fragments ont été retrouvés à Herculanum, n'est pas d'Épicure lui-même, mais de Philodème ; nous avons tout lieu de croire que le disciple a reproduit fidèlement les doctrines du maître. Il est curieux de comparer ce titre, περὶ σημείων καὶ σημειώσεων, de l'Interprétation des signes, aux expressions employées par Stuart Mill. Il y a quelque exagération dans l'enthousiasme que ce traité inspire à Gomperz : *Es ist der erste Entwurf einem induktiven Logik... getragen von dem Hauche des echtesten baconischen Geistes.* Il a été plus sainement jugé par M. G. Lyon[1] : pour connaître les choses obscures, il faut interpréter les choses manifestes qui en sont les signes ; cherchons donc des choses qui soient le signe et la preuve de ce qui est obscur[2].

Lorsqu'une première idée, πρόληψις, s'est présen-

1. G. LYON, *La logique inductive dans l'école épicurienne.* Congrès international de philosophie, 1900.
2. DIOGÈNE LAERCE, X, 13-14, 21, 25-26, 31.

tée à notre esprit, elle nous engage dans une série de recherches (οὔτε ζητεῖν ἔστιν οὔτε ἀπορεῖν ἄνευ προλήψεως [1]). C'est une anticipation qui nous met sur la voie de la découverte de la vérité, οὐκ ἂν ζητήσαμεν τὸ ζητούμενον, εἰ μὴ πρότερον ἐγνώκειμεν αὐτό [2]. Il ne faut pas prendre une coïncidence accidentelle pour une liaison générale et permanente, de n'importe quelle ressemblance inférer n'importe quelle ressemblance, οὐ γὰρ ἀφ' ἧς ἔτυχε κοινότητος ἐφ' ἣν ἔτυχε κοινότητα μεταβατέον. On peut faire des inférences (τεκμηριοῦσθαι) sur les objets qui échappent à notre observation, et bien loin de n'avoir que défiance à l'égard de ce que nous suggère la méthode de ressemblance, on peut y avoir autant de créance qu'aux objets mêmes d'où procède notre induction (ἀλλ' οὕτω πιστεύειν ὡς καὶ τοῖς ἀφ' ὧν ἡ σημείωσις).

Épicure ne s'est pas donné la peine de déterminer les règles de ces opérations, mais il affirme à plusieurs reprises que les principales causes de nos erreurs découlent de nos passions, que la première condition pour parvenir à la connaissance vraie, c'est de nous en affranchir; il donne à la rectitude d'esprit le nom de sobriété, νήφων λογισμός; l'amour, la colère, la peur, nous mettent hors d'état de discerner la vérité, non moins que l'ivresse. La pra-

---

1. SEXTUS EMPIRICUS, *Adv. Math.*, I, 57. — XI, 21.
2. DIOGÈNE LAERCE, X, 33.

tique de la vertu, qui est la garantie du bonheur, nous procure aussi le plus sûr moyen de parvenir à la science. Épicure parle souvent de la raison ; il dit que nous devons la prendre pour guide de nos jugements comme de nos actions, mais il n'explique pas quel sens il donne à ce mot ; il semble qu'il ne la distingue pas de l'expérience. Et pourtant d'autres fois il lui attribue une certaine impulsion naturelle en vertu de laquelle elle se porte en avant à la découverte de la vérité, ce qu'il appelle φανταστικὴ ἐπιβολὴ τῆς διανοίας. Qu'est-ce au juste que ce mouvement de la pensée? est-il actif ou passif? est-il provoqué par une image qui se présente à l'esprit? est-ce un élan en avant, grâce auquel nous devinons parfois la vérité avant d'être à même de la connaître? Quel sens et quelle importance faut-il attacher à cette doctrine que nous trouvons indiquée dans Diogène Laërce [1] et qui nous paraît d'origine aristotélicienne ou même platonicienne : il se produit deux mouvements, l'un venant des choses, l'autre de notre esprit ; quand ils sont d'accord, il en résulte la connaissance de la vérité ; s'ils sont en désaccord, notre conception ne peut être que fausse ?

La vérité se fait jour avec une facilité très inégale dans les diverses intelligences. Il y a lieu en

---

1. Diogène Laërce, X, 50, 51.

effet de distinguer trois sortes de philosophes : les uns, comme Épicure, découvrent eux-mêmes des vérités nouvelles ; d'autres, comme Métrodore, comprennent ce que leur enseigne le maître, mais ne sont capables d'aucune invention originale ; d'autres, enfin, tels qu'Hermarque, ont besoin qu'on exerce sur eux une contrainte pour les faire entrer dans l'école [1].

La vérité, c'est la conformité de la pensée à son objet : ἔστιν ἀληθὲς τὸ οὕτως ἔχον ὡς λέγεται ἔχειν, καὶ ψεῦδος ἔστιν τὸ οὐχ οὕτως ἔχον ὡς λέγεται ἔχειν [2]. Avons-nous du moins un moyen de la distinguer ? Sur ce point, la doctrine d'Épicure manque singulièrement de netteté et de rigueur : un jugement est vrai, dit-il, s'il n'est pas démenti ou s'il est confirmé par l'expérience, ἐὰν ἐπιμαρτυρηθῇ ἢ μὴ ἀντιμαρτυρηθῇ ; il est faux s'il est démenti ou s'il n'est pas confirmé par l'expérience [3] ; il faut donc, avant de nous prononcer sur la valeur d'une opinion, attendre que cette question préalable soit résolue. Mais ces deux préceptes sont loin de revenir au même : pour accepter un jugement comme vrai, devons-nous exiger que la preuve en soit fournie ou bien pouvons-nous nous contenter de ce qu'il n'ait pas été

---

1. Sénèque, *Lettres*, LII.
2. Sextus Empiricus, *Adv. dogm.*, II (*Math.*, VIII), 9.
3. Diogène Laerce, X, 51.

contredit par les faits? Cependant sur ce point aussi, Épicure fait preuve d'une remarquable pénétration : il faut, dit-il, distinguer deux cas bien différents : nos conjectures portent tantôt sur l'événement qui va se produire (τὸ προσμένον), tantôt sur la cause cachée de qui s'est produit (τὸ ἄδηλον). Dans le premier cas, il suffit, pour que nous ayons le droit de regarder notre opinion comme vraie, qu'elle ne soit pas démentie par l'expérience ; et encore jugeons-nous très différemment des séquences et des concomitances; dans le second cas, nous devons exiger qu'elle soit prouvée. Il serait curieux de comparer avec la théorie d'Épicure les idées développées de nos jours par les pragmatistes : « L'idée vraie est féconde, dit un disciple de M. Dewey; elle nous mène de l'anticipation à la réalisation. L'idée fausse par contre est stérile et impuissante à amener le résultat promis. » Malheureusement notre philosophe n'a pas persévéré dans cette voie et nous savons pourquoi : il n'avait pas l'esprit scientifique; il ne comprenait rien aux exigences de la méthode; enfin, il n'apportait pas à l'examen des questions théoriques le calme, la patience, l'impartialité qui nous paraissent indispensables ; il ne voyait qu'un intérêt en jeu, celui de sa morale, et il en cherchait partout la confirmation. Il faut tout d'abord délivrer les hommes de leurs erreurs, les rendre à la rectitude naturelle du raisonnement; car, s'il reste la moindre trace des anciens préjugés, cela suffit pour empêcher de découvrir la vérité : *Sincerum est nisi vas, quodcumque infundis acescit.*

C'est encore par l'expérience et le besoin qu'Épicure explique l'origine et le progrès du langage. Il ne cherche plus, comme Platon, si les mots imitent ou non la nature et l'essence des choses. L'usage des mots n'est pas le résultat d'une institution arbitraire (τὰ ὀνόματα ἐξ ἀρχῆς μὴ θέσει γένεσθαι [1]). Les hommes possèdent naturellement des organes propres à l'émission des sons articulés; ces organes entrent en jeu sous l'influence des émotions que nous ressentons. La diversité des langues est facile à expliquer : chaque race éprouve des sentiments (ἴδια πασχούσας πάθη), reçoit des images qui lui sont propres (ἴδια λαμβανούσας φαντάσματα). C'est par association que les mots que nous entendons éveillent en nous l'idée des objets que nous avons perçus : « En même temps qu'on prononce le mot homme, l'empreinte de l'homme se présente à l'esprit en vertu des notions antécédentes; dans toutes ces opérations les sens nous servent de guides. » Nous devons donc avoir grand soin de n'employer que

---

1. Diogène Laerce, X, 75.

des mots dont le sens soit déterminé par des sensations précises et de n'attacher aux mots d'autre sens que celui qui correspond à des sensations. Il y a des mots parfaitement clairs qu'on ne peut définir par d'autres plus clairs [1] ; on ne saurait donc attacher trop d'importance à l'emploi des mots propres et aux étymologies : *Epicurus crebro dicit diligenter oportere exprimi quæ vis subjecta sit vocibus* [2].

1. Sur tous ces points, la pensée d'Épicure est loin d'atteindre la précision que lui donne Gassendi (*Syntagma*. Pars I, caput v) : Canon I : « Dum loqueris, delige voces communes et perspicuas, ne aut ignoretur quid velis, aut interpretando tempus frustra teres. » — Canon II : « Dum audis, id enitere ut vim subjectam vocibus teneas ne te vel prae obscuritate lateant, vel prae ambiguitate deludant ». — Cf. *Encyclopédie*, art. *Épicure :* « Quand vous parlez, préférez les expressions les plus simples et les plus communes, ou craignez de n'être point entendu et de perdre le temps à vous interpréter vous-même. Quand vous écoutez, appliquez-vous à sentir toute la force des mots. »

2. CICÉRON, *De finibus*, II, II, 6. — DIOGÈNE LAERCE, X, 31.

CHAPITRE V

PHYSIQUE

Épicure rejette le mot métaphysique : puisqu'il n'existe pas autre chose que la nature, φύσις, il ne peut y avoir de science que la physique ; toute autre recherche serait sans objet ; la nature s'explique par elle-même, sans aucun principe supérieur, et se suffit toute seule.

Les Épicuriens, d'après Kant[1], furent les physiciens les plus distingués parmi tous les savants de la Grèce. « L'école épicurienne, dit Renan, fut la grande école scientifique de l'antiquité. » Ritter est d'un avis opposé : « Rien ne prouve plus clairement, dit-il[2], la légèreté scientifique de cet homme que sa physique, qui ne s'accorde ni avec sa morale, ni avec sa canonique. »

La physique d'Épicure c'est l'atomisme. Il n'est pas l'inventeur de ce système ; il se borne à re-

---

1. KANT, *Logique,* trad. Tissot. Introduction, IV, p. 35.
2. RITTER, *Philosophie ancienne,* X, II, t. III, p. 397.

produire la théorie de Démocrite. Ritter cherche pour quelles raisons Épicure a adopté le système atomistique de préférence à tout autre ; celles qu'il examine ne lui paraissent pas sérieuses ; nous verrons si l'on ne peut pas en concevoir de meilleures. L'originalité de Démocrite lui-même a été mise en doute : l'atomisme, nous dit-on, aurait été enseigné avant lui par des savants phéniciens antérieurs même à la guerre de Troie[1] ; il ne put ignorer leurs doctrines, soit qu'il les ait entendu exposer dans leur pays d'origine au cours de ses voyages, soit que des Phéniciens soient venus professer dans les villes d'Asie Mineure. Quoi qu'il en soit, en passant de Démocrite à Épicure, l'atomisme changea de caractère. Démocrite possédait à un degré remarquable les qualités de l'esprit scientifique : Lange, Gomperz en font un grand éloge. Nous ne pouvons pas en dire autant d'Épicure ; il n'avait aucun goût pour les études scientifiques ; il ne se donna pas la peine d'étudier à fond le système de son maitre ; il est même probable qu'il ne le comprit pas toujours ; en tout cas, il n'attachait pas une importance

---

1. SEXTUS EMPIRICUS, *Adv. Matth.*, IX, 363. — *Strabon*, l. XVI, II, 29, p. 759. — M. LIARD, dans sa thèse *De Democrito philosopho*, ne dit rien de cette tradition ; il croit que la conception de la théorie des Atomes a été suggérée à Démocrite par les discussions des Ioniens et des Éléates.

primordiale aux questions théoriques. Son ambition est de donner une explication aussi simple que possible de tous les phénomènes de la nature. Dans son empressement à supprimer les difficultés, il ne s'aperçoit pas qu'il en soulève d'autres encore plus inextricables, que ses prétendues explications provoquent une foule de questions auxquelles le système ne peut fournir de réponse, que parfois les assertions en faveur desquelles il se prononce contredisent ce qu'il vient d'affirmer, qu'il proclame audacieusement des principes dont la preuve est manifestement insuffisante. Ce n'est pas, à notre avis, dans le poème de Lucrèce qu'il faut étudier la physique épicurienne. L'insuffisance des enseignements du maître avait, avec le temps, éclaté à tous les yeux; les Épicuriens avaient eu à répondre à toutes sortes d'objections et avaient donné à leurs doctrines une physionomie scientifique qu'elles n'avaient pas tout d'abord.

On s'est souvent moqué de la théorie des atomes; ce ne serait plus possible aujourd'hui après les savantes études de M. Hannequin[1]. « L'atomisme,

---

1. A. HANNEQUIN, *L'hypothèse des atomes*. — Un élève de ce professeur, M. WIDERBERGER, a soutenu en 1899 devant la Faculté de Lyon une thèse sous ce titre : *Suscipitur Epicuri defensio in physicis*. Il explique que les théories épicuriennes, que l'on a souvent raillées sans se donner la peine de les étudier

dit-il, tient au cœur même de la science... On peut encore se demander de nos jours si l'atomisme est l'hypothèse sur laquelle repose la physique tout entière ou s'il n'en serait pas plutôt le résultat, la conclusion la plus certaine, certaine de toute la certitude des autres conclusions; on ne peut plus douter en tout cas qu'il ne soit l'expression la plus haute et comme l'âme de notre science de la nature[1]. » Cette théorie n'est pas du domaine de la physique, quoi qu'en ait dit Épicure, car la physique se borne à étudier les phénomènes et ne nous apprend rien sur la nature de la matière; c'est un système métaphysique, ainsi que l'a fort bien montré M. Hannequin, mais c'est un système à l'adoption duquel nous sommes nécessairement conduits par la considération des phénomènes. De plus, c'est celui qui s'accorde le mieux avec les progrès les plus récents des sciences, de sorte que de nos jours une sorte de retour se manifeste dans le sens de l'atomisme. « Dès l'origine de la science, une hypothèse a pris naissance qui fidèlement a accompagné la pensée humaine dans toutes ses

à fond, ont une sérieuse valeur et ont été reprises par quelques-uns de nos contemporains les plus illustres.

1. « L'atomisme n'est pas une simple théorie de la matière : c'est la plus large explication de la nature, la plus complète peut-être et la plus vraisemblable qui ait jamais été tentée. » MABILLEAU, *Histoire des doctrines atomistiques*.

fluctuations, c'est l'hypothèse des atomes, qui depuis Leucippe, Démocrite, Épicure et Lucrèce, occupe une place éminente dans le domaine de la physique; loin de diminuer l'importance de son rôle, les travaux les plus récents ont assuré sa prépondérance, et pour la plupart des savants modernes elle s'impose désormais, comme une induction obligatoire[1]. »

Les principes premiers des choses, dit Épicure, sont les atomes et le vide. Les atomes sont des parties de matière extrêmement petites et telles que nous ne pouvons les percevoir par aucun de nos sens; ce qui nous en peut donner quelque idée, ce sont les corpuscules si ténus que nous voyons voltiger en nombre considérable sur un rayon de soleil qui pénètre par une fente dans une chambre obscure. Mais la raison nous en atteste l'existence que nous ne saurions mettre en doute. Épicure repousse donc toutes les théories d'après lesquelles un premier élément, l'eau, l'air ou le feu, a produit les autres par ses transformations, par raréfaction ou condensation; de même, il écarte la doctrine des quatre éléments. Quant au système des homéoméries, exposé par Anaxagore, et que Lucrèce se donne la peine de réfuter afin d'être

---

1. LUCIEN POINCARÉ, *Journal des Savants*, juillet 1908.

complet, il ne semble pas qu'Épicure l'ait discuté :
comme il ne se piquait pas d'érudition, il ne s'arrêtait pas à combattre les opinions de tous ses devanciers; il se bornait à exposer la sienne et cela
lui suffisait; le temps donné à la polémique était,
à son avis, du temps perdu.

Les atomes, comme l'indique le mot lui-même,
sont indivisibles; et cela pour la raison fort simple
qu'ils sont pleins, μεστά, qu'il n'y a pas en eux de
vide [1]. Si la matière était divisible à l'infini, elle
serait réduite de plus en plus et finalement anéantie; un corps de grandeur limitée contiendrait un
nombre infini de parties, ce qui est impossible.
Les atomes sont donc à la fois étendus et inétendus.
Sur ce point, l'hypothèse d'Épicure est manifestement contradictoire, et c'est lui faire trop d'honneur
que de la discuter sérieusement, comme l'entreprend d'Arnim [2]. Ils sont éternels; ils n'ont pas
commencé d'être et ne finiront pas; rien ne vient
de rien, rien ne peut être détruit [3], c'est un axiome
que répète souvent Épicure et qu'admettent avant
lui la plupart des philosophes. « Premièrement, il

1. LUCRÈCE, I, 486 :
   Sed quae sunt rerum primordia nulla potest vis
   Stringere, nam solido vincunt ea corpore demum.

2. HANS VON ARNIM, *Epikurs Lehre von minimum*. Wien, 1907.

3. DIOGÈNE LAERCE, X, 38, 39.

faut croire que rien ne se fait de rien ; car, si cela était, tout se ferait de tout et rien ne manquerait de semence. De plus, si les choses qui disparaissent se réduisaient à rien, il y a longtemps que toutes choses seraient détruites, puisqu'elles n'auraient pu se résoudre dans celles que l'on suppose n'avoir pas eu d'existence[1]. » Les atomes sont en nombre infini ; c'est pour cela que la nature produit sans cesse de nouveaux corps et n'est jamais épuisée. Ils ne sont pas tous originairement différents les uns des autres (il ne semble pas que nous trouvions dans Épicure le principe leibnitzien des indiscernables), mais ils présentent entre eux bien des différences. Ils possèdent en commun la solidité, la résistance, ἀντιτυπία ; ils se distinguent par leur grandeur (il y en a en effet de plus petits que d'autres, quoique les plus volumineux soient d'une extrême petitesse) et par leur forme ; ils ne peuvent subir aucun changement, aucune altération ; la diversité de leurs figures est infinie : les uns ont une forme régulière, les autres sont irréguliers ; les uns sont ronds, les autres anguleux, hérissés d'aspérités, crochus, de sorte qu'ils glissent les uns sur les autres ou se retiennent, s'agglomèrent, font sur nos sens une impression agréable ou pé-

---

1. Diogène Laerce, X, 40, 56.

nible[1]. Épicure paraît avoir admis que les atomes diffèrent les uns des autres par leur poids; Démocrite soutenait au contraire, d'après la plupart des commentateurs, que le poids est une qualité sensible, tout comme la couleur, l'odeur, le son, qu'il n'appartient pas essentiellement aux atomes, dont tous les mouvements ne viennent que du choc, πληγή, qu'il n'est que par rapport à nous[2].

Les atomes n'existent jamais isolément, mais réunis en des corps qui renferment plus ou moins de vide; ils sont plus ou moins rapprochés les uns des autres, leurs mouvements sont plus ou moins rapides. Quant aux choses, les unes sont des assemblages, les autres des corps dont ces assemblages sont formés. Tous les corps sont constitués par un nombre plus ou moins grand d'atomes et toutes

---

1. STOBÉE, *Ecl. phys.*, 306. Heer. Ἀγέννητα, ἀΐδια, ἄφθαρτα, οὔτε θραυσθῆναι δυνάμενα οὔτ' ἀλλοιουθῆναι... Εἴρηκει δὲ ἄτομος, οὐχ ὅτι ἐστὶν ἐλαχίστη, ἀλλ' ὅτι οὐ δύναται τμηθῆναι, ἀπαθής οὖσα καὶ ἀμέτοχος κενοῦ.

2. Leucippe et Démocrite considéraient-ils le poids comme une propriété inhérente aux atomes, c'est une question fort discutée encore aujourd'hui. M. RIVAUD le croit (*Le problème du devenir*, p. 160); il combat l'opinion de la plupart des historiens français (RENOUVIER, *Manuel de philosophie ancienne*, I, 245. — LIARD, *De Democrito philosopho*, p. 45. — HAMELIN, *Annales de la Faculté de Bordeaux*, 1888. — PILLON, *Année philosophique*, 1891, p. 122); il se rallie à l'opinion des critiques allemands; il pense que le mouvement déterminé par cette pesanteur n'est pas une chute verticale, mais plutôt un tourbillon, δίνη.

les qualités que nous percevons s'expliquent par la quantité des atomes qu'ils contiennent et par leur mode de groupement, de même que les lettres de l'alphabet par leurs diverses combinaisons composent tous les mots et toutes les phrases. Aristote avait déjà fait remarquer que la lettre A et la lettre Z diffèrent par leur forme, σχήματι ἢ ῥυσμῷ, N et Z par leur position, θέσει, les syllabes AN et NA par l'ordre des lettres qui les constituent[1]. Le nombre des particules extrêmement petites qui entrent dans la composition du corps va sans cesse croissant ou décroissant graduellement ; c'est là ce qui explique des faits auxquels nous ne faisons pas attention, tant l'habitude nous les a rendus familiers. Épicure entre à ce propos dans des détails fort intéressants qui font songer au rôle attribué par Leibnitz aux infiniment petits : l'eau qui suinte goutte à goutte creuse la pierre, le pavé des rues est usé par les pieds des passants, l'anneau que l'on porte au doigt s'amincit, les végétaux et les animaux grandissent d'une manière continue et insensible : nous ne voyons pas pousser les plantes et quelques-unes en viennent à présenter une taille colossale.

L'existence de l'autre principe, le vide, n'est pas

---

1. ARISTOTE, *Métaphysique*, I, vi, 985, *b*, 4.

moins certaine, car sans lui le mouvement ne serait pas possible. Épicure n'admet pas que le mouvement se propage de proche en proche d'une manière continue au sein du plein : il faut toujours qu'une première parcelle se déplace et pour cela qu'elle trouve devant elle un vide où pénétrer. Quelques historiens, tels que Brucker, ont rattaché l'épicurisme à l'éléatisme, prétendant que la nouvelle école n'a fait que développer certains principes empruntés à l'ancienne ; pour nous, nous nous rangeons plutôt à l'avis de Gomperz ; nous voyons dans l'épicurisme une réaction contre l'éléatisme et s'il a été inspiré par l'enseignement des théories d'Élée, ce qui n'est pas impossible, c'est en ce sens que les idées contraires suscitent quelquefois dans l'esprit humain les idées contraires. Voici en effet comment raisonnaient les Éléates : sans vide, pas de mouvement possible ; or, il n'y a pas de vide, donc le mouvement n'existe pas, ce n'est qu'une apparence illusoire. Les Épicuriens de leur côté disent, partant de la même majeure : sans vide pas de mouvement possible ; or, il y a du mouvement, donc le vide existe. Au point de vue logique et scientifique, les deux raisonnements sont également critiquables, mais les conclusions sont diamétralement opposées.

Épicure donne encore d'autres preuves de

l'existence du vide : la nourriture se répand dans tout le corps des plantes et des animaux ; le bruit, le froid, la chaleur se propagent à travers les corps les plus durs.

Il oublie parfois que nous ne pouvons nous faire du vide qu'une idée négative ; il s'en sert dans ses explications comme d'une idée positive.

Le vide évidemment ne saurait être perçu par les sens, puisqu'il n'a pas de qualités ; c'est par l'intelligence seule qu'il est conçu. En somme, le vide, dont il affirme si catégoriquement la réalité, n'est qu'une hypothèse ; rien sans doute ne vient la contredire, mais rien n'en démontre la vérité. Le vide est-il substance ou accident ? Épicure n'a pas même soupçonné cette question, et aujourd'hui elle nous paraît tout à fait dépourvue de sens ; mais il fut un temps où elle préoccupait beaucoup les commentateurs ; Gassendi ne peut parvenir à la résoudre.

Le vide ne peut ni exercer ni subir une action ; il n'oppose ni résistance ni retardement au mouvement des atomes, οὔτε ποιῆσαι οὔτε παθεῖν δύναται, ἀλλὰ κίνησιν μόνον δι' ἑαυτοῦ τοῖς σώμασι παρέχεται [1]. Il est infini, car nous ne pouvons concevoir de bornes au delà desquelles nous n'imaginions en-

---

1. Diogène Laerce, X, 67.

core autre chose ; de plus, s'il avait des bornes, elles arrêteraient le mouvement des atomes, ce que nous ne devons pas admettre [1]. Le moment viendrait où tous les atomes, emportés par leur poids, en atteindraient le fond et ne pourraient aller plus loin. De même, si le nombre des atomes était fini, ils seraient perdus dans le vide infini, et tous les corps, graduellement appauvris par les émanations qui s'en dégagent sans cesse et s'envolent dans l'espace, cesseraient d'exister.

Le vide lui-même, au sein duquel se produisent tous les mouvements, est immobile. Dans le vide, les atomes sont emportés par un mouvement éternel. Quelle est la cause du mouvement? Nous n'avons pas à nous le demander, puisque le mouvement est éternel. Cette réponse ne nous paraît pas suffisante ; en tout cas, Épicure s'en contente et n'en cherche pas d'autre ; c'est là, dit M. Brochard, le grand scandale du système. A celui qui décontenançait son maître en lui demandant : « Et le chaos, d'où vint-il? » nous aurions beau jeu de poser ces questions : « Les atomes, d'où viennent-ils? d'où leur est venu le mouvement? » Car tandis qu'il aime à invoquer le principe : « Rien ne naît de rien », il avance des théories

---

[1]. Diogène Laerce, X, 41.

qui ne sont ni plus satisfaisantes ni plus solidement établies que les autres; car cette fin de non-recevoir qu'il nous oppose, ἀρχὴ δὲ τούτων οὐκ ἐστίν [1], ne saurait nous contenter.

Le mouvement naturel et primitif des atomes est une chute; ils tombent de haut en bas pour la raison fort simple qu'ils ne trouvent rien qui les soutienne. Voilà ce que Démocrite s'était gardé de dire; il avait bien vu que dans l'infini il n'y a ni haut ni bas. Épicure peut-être ne l'a pas compris; il a cru simplifier ingénieusement le système et se rendre plus aisément intelligible au public en ramenant le mouvement à une chute, telle que celle que nous observons tous et que nous connaissons familièrement; il ne s'est pas douté des difficultés dans lesquelles il s'engageait; il s'est borné à dire que, comme l'espace est infini, il n'y a pas à craindre que les atomes finissent par s'entasser tous en bas et se précipiter les uns sur les autres. Ailleurs, il semble se ressaisir : quand il réfute l'opinion de ceux d'après lesquels tous les corps tendent vers un centre commun et que c'est ainsi que la terre se maintient au milieu du monde, il fait très judicieusement observer que dans l'infini il n'y a pas de centre. En un sens absolu,

---

1. Diogène Laerce, X. 44.

l'existence du haut et du bas dans l'espace infini est impossible; il n'en est pas moins vrai qu'un mouvement dans la direction de notre tête à nos pieds sera toujours opposé à celui qui va de nos pieds à notre tête, dussent les lignes de ces deux mouvements être prolongées à l'infini.

Il n'y a pas de troisième principe, autre que les atomes et le vide [1]. Les corps sont composés d'atomes séparés par des intervalles vides; toutes les différences qu'ils nous présentent s'expliquent d'une part par le nombre des atomes qui les constituent, par la grosseur et la forme de ces atomes, d'autre part par la grandeur des intervalles qu'ils laissent entre eux : de là vient que les particules de certains corps glissent aisément les unes sur les autres, comme celles de l'air, de l'eau et des différents liquides, qu'ils n'opposent guère de résistance au mouvement des atomes qui les traversent, tandis que d'autres corps sont durs et impénétrables. C'est ainsi que s'explique l'inégale densité des diverses substances : si à volume égal

---

1. LUCRÈCE, I, 443 :

... Facere et fungi nisi corpus nulla potest res,
Nec præbere locum porro nisi inane vacansque.
Ergo præter inane et corpora, tertia per se
Nulla potest rerum in numero natura relinqui,
Nec quæ sub sensus cadat ullo tempore nostros,
Nec ratione animi quam quisquam possit apisci.

le fer pèse plus que l'eau, c'est que dans ce volume de fer il y a plus d'atomes et moins de vide, puisque les atomes du fer sont gros et hérissés d'aspérités, tandis que ceux de l'eau sont petits et ronds. Pour la même raison, certains corps sont transparents, d'autres opaques.

Au sein du vide, les atomes ne rencontrent aucune résistance, tombent avec la même vitesse; il n'en est plus de même dans l'air ou dans l'eau. Encore une fois, l'air, l'eau sont des corps dont les particules, si petites et si légères qu'elles soient, opposent aux autres une résistance plus ou moins grande et leur infligent un retard qui varie selon leur densité. Voilà pourquoi dans le monde sensible les corps se meuvent plus ou moins vite; ceux qui sont plus lents sont rejoints par ceux qui sont plus rapides: ils sont entraînés par le mouvement de ces derniers ou au contraire en interceptent le passage; en s'accolant avec eux ils forment un amas qui barre la route à d'autres atomes; le groupe va ainsi grossissant de plus en plus, ou bien au contraire les corpuscules qui le constituaient sont arrachés et emportés plus loin. Gardez-vous donc de croire que sous l'action de la pesanteur, les corps tomberont parallèlement et ne pourront se rejoindre. Les atomes se heurtent à chaque instant, rebondissent, et ces chocs nous expliquent un grand nombre de phénomènes ; tous les corps, en effet, ne se comportent pas de la même manière : il en est de mous qui s'écrasent sur ce qu'ils rencontrent et demeurent désormais immobiles ; il en est de durs qui rejaillissent plus ou moins loin : leur inégale élasticité a pour cause la proportion des atomes et du vide qu'ils renferment.

La pesanteur et les chocs ne suffisent pas à rendre compte de tous les phénomènes à beaucoup près ; ces deux sortes de mouvements présentent ce caractère commun qu'ils résultent d'une puissance extérieure et qu'ils se produisent nécessairement, car toute cause est elle-même l'effet d'une cause et ainsi de suite à l'infini. L'univers est-il donc soumis à une nécessité absolue à laquelle rien ne saurait se soustraire ? Épicure ne peut se résigner à cette conception qui lui fait horreur. Il n'y a pas d'autre moyen, dit-il, d'échapper au fatalisme des savants que d'attribuer aux atomes le pouvoir de s'écarter un peu de la ligne droite, et cela sans cause extérieure. Il ne semble pas que l'idée de la déclinaison ait été empruntée aux systèmes antérieurs ; l'originalité de cette conception n'a pas été contestée. La déclinaison des atomes (παρέγκλισις, en latin *clinamen*) a été très violemment critiquée par les adversaires de l'épicurisme. Ce que l'on peut dire de moins, c'est qu'elle est en opposition avec les principes formulés par Démocrite, qui ne faisait pas difficulté d'admettre le fatalisme. Cicéron, qui n'a pas compris le sens de cette doctrine, la raille continuellement : « *Res tota ficta pueriliter... Illæ Epicuri propriæ ruinæ* [1] ; mais ses attaques portent à faux, elles n'ont pas de valeur [2]. Les modernes n'ont pas généralement été moins sévères : la plupart considèrent cette doctrine comme un misérable expédient, dérisoire et équivoque [3]; Bayle le déclare pitoyable; Kant l'appelle même une impudence; M. Caro n'y voit qu'une pauvre invention de dialectique aux abois. Il est certain qu'Épicure n'apporte à l'appui de ce dogme aucun argument direct; la seule raison qu'il invoque, à savoir qu'il ne voit pas d'autre

---

[1]. Cicéron, *De finibus*, l. vi. 18.
[2]. Plutarque, *De solertia animalium*, VII, 1 et 2. — « Il ne faut pas accorder aux philosophes comme on le fait aux femmes dont les couches sont difficiles, la permission de prendre des remèdes qui facilitent et hâtent leur délivrance, d'avoir recours à des expédients qui les aident à accoucher de leurs systèmes. Il ne faut pas laisser Épicure, sur une question aussi considérable, introduire un expédient si petit, si misérable que l'est la déclinaison d'un seul atome, réduite à la dimension la plus petite, afin de produire les astres, les animaux, le hasard et de sauver la liberté humaine. »
[3]. Mabilleau.

moyen d'échapper au fatalisme, ne peut être acceptée comme une preuve valable. La déclinaison paraît en contradiction avec tout le système, car ce serait un phénomène sans cause et sans loi, qui se produirait en dehors de toute détermination de temps et de lieu, *nec regione loci certa nec tempore certo*. Enfin, ce mouvement qui n'est pas produit par une cause extérieure, si petit qu'il soit, manifeste une certaine énergie interne, une spontanéité essentielle des atomes; or la théorie d'Épicure est mécaniste, les atomes sont partout ailleurs représentés comme des corpuscules inertes et tous les phénomènes expliqués comme déterminés par des mouvements qui se transmettent passivement de proche en proche.

Quoi qu'il en soit, il nous semble que la théorie de la déclinaison a une immense portée, qu'Épicure élargit singulièrement le problème de la liberté et qu'il manifeste une des qualités les plus éminentes de l'esprit philosophique. Ne l'oublions pas, il a toujours en vue la morale et la morale seule; il ne s'occupe des questions de physique que parce que la curiosité de l'esprit ne s'en laisse pas détourner et qu'il faut lui donner satisfaction. Or, le fondement de la morale, c'est la liberté de la volonté humaine; le fatalisme ne lui laisse aucune place et du coup toute la morale est emportée. Comment donc sauver la liberté¹? Épicure a posé ce principe : « Rien ne peut naître de rien », et sur ce point tous les autres savants sont d'accord avec lui; l'homme ne peut donc être seul libre; la liberté ne peut éclater en lui tout à coup, naître de rien; elle doit être l'épanouissement suprême d'une puissance qui existe en germe dans tous les éléments. Ainsi tous les atomes possèdent un certain pouvoir de déviation, grâce auquel ils sont soustraits à l'empire de la nécessité; ce pouvoir se réduit à fort peu de chose, ἐλάχιστον, ἀκαρές ² (*perpaucum, nec plus quam minimum*, dit Lucrèce); il est déjà plus grand chez les êtres vivants, plantes et bêtes, chez lesquels se montre une spontanéité graduellement croissante; il se manifeste d'une manière éclatante chez les animaux supérieurs; il atteint enfin son plus haut degré chez l'homme dont il constitue et explique la volonté, c'est-à-dire la faculté que nous possédons de nous soustraire à la domination des causes

---

1. Cicéron, *De fato*, X, 22. — *De Nat. D.*, I, xxv, 69 : « Epicurus quum videret, si atomi ferrentur in locum inferiorem suopte pondere, nihil fore in nostra potestate, quod esset earum motus certus et necessarius, invenit quomodo necessitatem effugeret, quod videlicet Democritum fugerat : ait atomum... declinare paululum. » — Plutarque, *De solert. anim.*, VII, 2, ὅπως τὸ ἐφ' ἡμῖν μὴ ἀπόληται.

2. Plutarque, *De anim. procr.*, VI, 9.

extérieures et d'aller dans le sens où nous porte notre esprit (*prout ipsa tulit mens*). Que cette théorie fourmille de difficultés et même de contradictions, nous n'en disconvenons pas ; mais c'est une théorie véritablement intéressante et dont les différentes parties sont logiquement enchaînées [1]. Ainsi c'est au nom de ce principe : « Rien

1. « D'habitude les partisans du libre arbitre sont loin de concevoir l'homme et le monde sur le même type ; la liberté leur semble plutôt une puissance supérieure à la nature et divine, qu'une puissance empruntée à la matière et qui se retrouve en ses éléments. De nos jours encore, nous sommes portés à croire que la question de la liberté est une question exclusivement humaine, qu'elle nous regarde seuls, que nous pouvons nous retrancher dans notre for intérieur, pour y discuter à loisir si nous sommes libres ou si nous ne le sommes pas. Nous nous imaginons aisément que l'univers entier peut être soumis à la fatalité sans que notre liberté, si elle existe, en reçoive atteinte. Mais alors, demande Épicure, cette liberté d'où viendrait-elle ? « *Unde est haec fatis avulsa potestas ?* » Comment pourrait-elle naître et subsister dans un monde absolument dominé par des lois nécessaires ?... Non, toutes les causes sont naturelles et, puisque rien ne vient de rien, notre liberté vient de la nature même. Il est curieux de voir Lucrèce invoquer ainsi en faveur de la déclinaison spontanée, le fameux axiome « *ex nihilo nihil* », qu'on a précisément tant de fois opposé à cette hypothèse. Selon lui, ce qui est dans l'effet se trouve déjà dans les causes : si donc nous avons des mouvements spontanés c'est que dans tout mouvement il peut y avoir quelque spontanéité ; si nous sommes vraiment libres de nous porter volontairement vers mille directions, il faut que toutes les parties de notre être, qui nous ont formés en s'assemblant, possèdent un pouvoir ana-

ne naît de rien » que pour expliquer par une évolution naturelle l'existence de la liberté de l'homme, Épicure attribue à tous les atomes la déclinaison ; puis, lorsqu'il s'agit de décrire les caractères non seulement de cette déclinaison, mais même des déterminations de la volonté, il admet que ce sont des phénomènes sans causes ¹.

Certains philosophes reconnaissent encore deux autres principes des choses, l'espace et le temps : c'est là une grave erreur. Le temps n'existe pas en dehors des phénomènes qui se produisent plus ou moins lentement, que nous percevons, dont nous nous souvenons, que nous prévoyons ; c'est un caractère des phénomènes, σύμπτωμα συμπτωμάτων. Pour désigner l'espace, nous employons deux mots, τόπος et χώρα, qui ne sont pas synonymes : τόπος c'est le lieu qu'occupe un corps, χώρα c'est l'espace à travers lequel il se meut. L'espace et le temps ne sont point des êtres à part ; ils n'ont pas

---

logue, plus ou moins étendu, plus ou moins conscient, mais réel. Épicure arrive ainsi à nier l'inertie absolue de la matière ou plutôt de ses éléments primitifs. C'est une sorte de dynamisme qu'il ajoute au mécanisme pur et simple de Démocrite. » GUYAU, *Morale d'Épicure*, p. 98.

1. « Lucrèce transporte aux atomes les mouvements volontaires de l'homme et des animaux. » J. SOURY, *Brev. de l'hist. du matérialisme*, p. 304. — TYNDALL lui adresse le même reproche. *Address*, Belfast, 1874.

de nature propre et ne doivent jamais être regardés comme causes de quoi que ce soit ; il n'existe donc point en réalité d'autres principes que les atomes et le vide.

Tous les phénomènes qui se produisent dans le monde sont diverses sortes de mouvements, les mouvements expliquent et les rapports que les choses ont entre elles et l'action qu'elles exercent sur nos sens [1]. Les mouvements des atomes sont extrêmement rapides, puisque dans le vide rien ne leur fait obstacle. Le mouvement se transmet par des chocs plus ou moins violents, par des impulsions ; il n'est jamais question dans le système d'attractions ni d'actions exercées à distance.

Le même corps contient des atomes d'espèces différentes. Ainsi le vin est à la fois principe de froid, puisqu'il nous rafraîchit, et de chaud, puisqu'il peut nous enivrer et nous donner la fièvre, ce qui manifeste l'existence en lui de deux sortes d'atomes.

---

1. « Il semble d'abord que les chocs désordonnés de cette innombrable poussière ne peuvent engendrer qu'un chaos inextricable devant lequel l'analyse doit reculer ; mais la loi des grands nombres, cette loi suprême du hasard, vient à notre aide ; en face d'un demi-désordre nous devrions désespérer, mais dans le désordre extrême, cette loi statistique rétablit une sorte d'ordre moyen où l'esprit peut se reprendre. » H. Poincaré, *Science et Méthode*, p. 274.

Des qualités que nous percevons, beaucoup n'appartiennent pas aux choses elles-mêmes, par exemple la couleur. Les corps n'ont plus aucune couleur dans les ténèbres, et cependant nous pouvons fort bien les percevoir et les distinguer par le toucher, comme le font les aveugles ; le même objet nous paraît de toute autre couleur, il nous semble même blanc ou noir, selon que nous le voyons de face ou de côté, selon qu'il est frappé plus ou moins vivement par les rayons du soleil, selon les reflets dont il subit l'influence ; nous ne saurions dire de quelle couleur est la nacre, la queue du paon ou la gorge du pigeon. La sensation dépend aussi de l'état de nos organes ; voilà pourquoi les mêmes objets produisent des impressions différentes sur plusieurs personnes et paraissent quelquefois doués de qualités contraires : le miel est doux pour l'un, amer pour l'autre ; la même eau que celui-ci trouve froide, celui-là la juge chaude ; de même il y a des sons rudes et des sons doux, des couleurs agréables ou irritantes. Entre les propriétés des choses, il faut distinguer les qualités essentielles, ἴδια, ἀΐδια, προυπάρχοντα, συμβεβηκότα (la chaleur ne peut cesser d'appartenir au feu, la pesanteur au minéral, la liquidité à l'eau, la tangibilité à tous les corps, l'intangibilité au vide) et les qualités accidentelles, ἐπέργοντα, συμπτόματα (le mouvement, le repos, l'action, la passion). Enfin, beaucoup de nos idées n'expriment pas des propriétés des choses, mais des rapports (semblable, différent, plus grand, plus petit, droite, gauche); c'est ainsi que le temps, nous l'avons vu, n'est pas quelque chose et n'existe que dans notre esprit. Les qualités sensibles n'appartiennent pas aux choses, telles que nous les percevons, et cependant elles ont un fondement réel; il ne faut donc pas dire οὐχ ὡς εἰσιν, οὔτε ὡς οὐκ εἰσι.

Le mouvement est régi par des lois fixes et absolues; c'est là évidemment un principe inconciliable avec la spontanéité fortuite qu'Épicure attribue aux atomes, mais c'est un principe sur lequel il revient continuellement : le lieu, le moment où chaque fait doit se produire est rigoureusement fixé, l'action de chaque cause, le développement de chaque être rencontre des limites impossibles à franchir : ainsi se trouvent garantis l'ordre et la stabilité du monde.

De ce que le nombre des atomes est infini, ainsi que le vide au sein duquel ils se meuvent, il résulte que le monde où nous vivons et qu'il nous est donné de percevoir, n'est pas le seul qui existe ; nous devons croire au contraire qu'il y a beaucoup d'autres univers[1]. Sont-ils pareils à celui-ci, habités

---

1. DIOGÈNE LAERCE, X, 45, 76.

par des êtres semblables aux animaux au milieu desquels nous sommes placés, ou bien en diffèrent-ils plus ou moins, ou même du tout au tout; y a-t-il ailleurs des hommes comme nous ou plus parfaits? nous n'en pouvons rien savoir; mais nous devons nous garder d'assigner des limites à la possibilité des choses et de croire que la réalité ne s'étend pas plus loin que le cercle étroit de notre horizon. Pour la même raison, nous devons être convaincus que ce monde, l'ordre actuel des choses n'est pas éternel, qu'il a eu un commencement, qu'il est même très récent et qu'il sera tôt ou tard détruit pour faire place à un autre. Les atomes sont perpétuellement en mouvement; par conséquent il n'est pas de combinaison, si fixe, si durable qu'elle paraisse, qui ne finisse par s'user et n'être plus capable de résister. Tous les êtres que nous voyons naitre, se nourrir, grandir, doivent un jour dépérir et mourir; mais aucun des éléments dont ils sont formés n'est perdu; ils fournissent la matière nécessaire pour de nouvelles combinaisons. Il en est de l'ensemble comme de toutes les parties : rien n'est véritablement définitif: tout ce qui existe actuellement doit périr afin de rendre possible un nouvel ordre de choses. Les mondes, comme les animaux et les plantes, durent plus ou moins longtemps : à chaque instant il en naît et il en meurt un grand nombre. Vu l'infinité des mondes, tout ce qui semble possible existe réellement dans l'univers, en un temps et en un lieu quelconque; il n'est pas du tout invraisemblable que dans la suite des temps un événement se reproduise identique à ce qui s'est déjà accompli [1].

Cela posé, revenons à notre monde et tâchons de nous en faire une idée exacte. Tout s'explique de la même manière, par les mouvements des atomes dans le vide; les mêmes lois rendent compte de la production de tous les corps inertes et de la génération des êtres vivants, de la corruption, de la naissance et de la mort; il n'y a aucune différence de nature entre les uns et les autres. Les végétaux naissent de la terre, sont engendrés par elle et en tirent leur nourriture; il en est de même des animaux : les uns broutent les herbes, les autres mangent la chair de bêtes qui se sont engraissées en dévorant des plantes. — Mais, direz-vous, nous voyons ceux-ci naître toujours de parents qui leur ressemblent, soit directement, comme dans le cas des vivipares, soit médiatement quand ils sortent d'œufs pondus par une femelle. Épicure enseigne avec raison que les bœufs ne peuvent engendrer des chevaux, que

1. Dans un temps infini chacune des combinaisons possibles devra une fois se réaliser, plus encore, elle devra se réaliser une infinité de fois. » NIETSCHE.

les lions ne peuvent enfanter des cerfs timides; il insiste aussi sur la nécessité d'un milieu approprié à chaque espèce : les oiseaux ne peuvent vivre dans l'eau, les poissons dans l'air. — Sans doute, c'est bien ainsi que les choses se passent sous nos yeux, mais nous n'avons pas le droit d'affirmer qu'il en a toujours été ainsi; n'oublions pas que le temps passé est infini et que par conséquent il a dû s'y produire bien des changements. Les animaux sont sortis du sein de la terre, tout comme les plantes; si elle n'en produit plus, c'est qu'elle est vieille et épuisée. Ne voyons-nous pas que les femelles de tous les animaux perdent la faculté d'enfanter dès qu'elles ont atteint un certain âge? De ce que les matrices de la terre sont aujourd'hui stériles, ce n'est pas une raison de croire qu'elles l'aient toujours été. D'autant mieux que nous voyons encore bien des animaux grossiers sortir directement de terre sous l'action de la chaleur et de l'humidité; n'est-ce pas un dernier reste d'une fécondité qui devait être tout autre lorsque la terre était jeune? Le mouvement d'atomes en nombre infini se poursuivant au cours de l'éternité doit nécessairement produire toutes les combinaisons possibles; de ces combinaisons, plusieurs n'ont qu'une existence éphémère ; elles se heurtent à des incompatibilités, à des contradictions dont elles ne peuvent triompher et par lesquelles elles sont rejetées; d'autres au contraire rencontrent des conditions favorables : elles sont confirmées, fortifiées, développées dans le même sens, jusqu'à ce qu'elles arrivent à s'installer définitivement. Il ne nous vient certes pas à l'esprit de donner Épicure comme un précurseur du système de l'évolution : il n'a eu aucun pressentiment de l'idée directrice de cette théorie non plus que des influences dont l'intervention continue a déterminé le progrès des espèces; mais il a fait un bon nombre d'observations curieuses sur l'action du milieu, de la température, du régime alimentaire, sur la concurrence vitale, sur la sélection naturelle, sur la survivance des plus aptes; tous ces faits n'ont pas échappé à sa perspicacité, mais il n'a pas compris le parti qu'il en aurait pu tirer. Il y a progrès dans la nature comme dans l'humanité, et ce progrès lui aussi est le résultat de l'expérience et de nombreux tâtonnements, ἀλλὰ μὴν ὑποληπτέον καὶ τὴν φύσιν πολλὰ καὶ παντοῖα ὑπὸ τῶν αὐτῶν πραγμάτων διδαχθῆναι καὶ ἀναγκασθῆναι [1].

Nous ne saurions trop insister sur ce point, il ne peut y avoir de miracles. Un dernier trait caractéristique de la physique épicurienne, c'est l'exclu-

---

[1]. Diogène Laerce, X, 75.

sion systématique de l'idée de finalité qui tient une si grande place dans la philosophie d'Aristote. Épicure, nous l'avons dit, est mécaniste; il n'admet pas d'autre explication des faits que le mouvement des atomes suivant des lois fixes; tout phénomène est l'effet d'une cause efficiente, rien de plus; croire qu'il a été produit en vue d'une fin, c'est une erreur. Il faut bien se garder d'attribuer aux étoiles ou aux astres la vie et la raison et surtout de les regarder comme des dieux[1]; soyons bien convaincus que les phénomènes célestes n'ont aucune influence sur nos affaires : *quae super nos, nihil ad nos*[2]. Épicure revient souvent sur ce sujet, car il avait fort à faire pour déraciner les superstitions nées du culte des astres et de la croyance aux présages. Ne vous imaginez pas que les organes ont été disposés en vue des fonctions et de la manière la plus propre à en assurer l'exécution, les jambes pour la marche, les yeux pour la vision et ainsi de suite ; la langue ne nous a pas été donnée pour parler, les oreilles pour entendre[3]. Les diverses parties du corps fonctionnent en vertu de leur structure et de leur agencement; elles accomplissent cer-

1. Diogène Laerce, X, 77, 81.
2. Tertullien, *Ad nationes*, II, iv, 80.
3. Lucrèce, IV, 824-907.

tains mouvements plus ou moins utiles, et les animaux, remarquant cette accommodation, en tirent plus ou moins ingénieusement parti. La thèse des cause-finaliers est chaque jour démentie par l'expérience qui nous montre combien certains organes sont de mauvais outils pour l'usage que nous sommes contraints d'en faire. De même, il ne faut pas se figurer que l'univers a été organisé en vue de pourvoir aux besoins des hommes, puisqu'ils n'occupent qu'une très petite partie du monde et qu'un grand nombre d'objets et de phénomènes nous causent plus de mal que de bien. Fénelon, qui développe avec complaisance l'argument des causes finales, a consacré le chapitre III de la 1re partie du Traité de l'existence de Dieu à la réfutation de l'Épicurisme. Quelle que soit la valeur littéraire de ce livre, ce n'est pas une discussion sérieuse et approfondie de la doctrine que nous examinons. M. Ch. Huit[1] dit qu'Épicure est amené à personnifier la nature et à en faire une véritable Providence ; ce n'est pas notre avis. L'erreur de M. Huit vient de ce qu'il juge l'épicurisme d'après certains passages de Lucrèce, qui est un poète de la plus riche imagination.

Il serait inutile, croyons-nous, d'exposer en

---

1. Ch. Huit, *La philosophie de la nature chez les Anciens.*

détail la physique d'Épicure ; il n'y a rien à en retenir; c'est un tissu d'erreurs dont quelques-unes nous feraient sourire. La connaissance de la nature a fait bien des progrès depuis le IVe siècle avant l'ère chrétienne ; mais ne nous y trompons pas : il n'y a pas longtemps qu'elle a changé complètement de physionomie et pris un caractère véritablement scientifique. Pour s'en convaincre, il suffit de lire les ouvrages de Descartes, et tout particulièrement les Météores : de quelles étranges hypothèses ce grand homme se déclare-t-il encore satisfait ! Épicure lui aussi s'est beaucoup occupé des phénomènes célestes, du lever et du coucher du soleil, des phases de la lune, des éclipses, de l'arc-en-ciel, de l'éclair, du tonnerre, des tempêtes, de la neige, de la rosée, des comètes, des étoiles filantes, de ces bouleversements qui de tout temps ont fait une impression profonde sur les imaginations humaines et ont sollicité une vive curiosité. Pour la plupart de ces phénomènes il donne plusieurs explications entre lesquelles il ne se prononce pas[1]. Il lui est indifférent (nous avons dit pourquoi) que l'on accepte l'une ou l'autre, et quant à lui il ne se donne pas la peine d'étudier la question à fond ; il lui suffit de reconnaître que

---

1. Diogène Laerce, X, 78, 88, 92-95, 104.

rien n'empêche que les choses se passent de telle ou telle façon. « Ce dont nous avons besoin, ce n'est pas de concevoir des idées originales qui nous rapporteraient une vaine gloire, mais de vivre sans trouble. Or, nous ne voyons pas que ceux qui ont le plus patiemment étudié les phénomènes du monde soient à l'abri de la crainte des dieux ou de la mort [1]. »

Il ne fait pas de distinction entre les phénomènes que nous appelons encore aujourd'hui physiques et ceux qu'étudient à part les sciences de la vie ; les uns et les autres se produisent de la même manière et obéissent aux mêmes lois. Il ne semble pas que nous ayons à lui faire honneur d'avoir inspiré les développements si intéressants que nous lisons dans le Ve livre de Lucrèce sur l'apparition successive des plantes et des animaux, puis sur l'histoire de l'humanité primitive, sur ses lents progrès, ses tâtonnements, ses découvertes graduelles, suggérées par le désir d'échapper à la rude pression du besoin. « Il faut admettre que chez les hommes l'expérience et la nécessité vinrent souvent en aide à la nature. Le raisonnement perfectionna les données naturelles et y ajouta de nouvelles découvertes, ici plus vite, là plus lente-

---

[1]. Diogène Laerce, X, 87.

ment, tantôt à travers des périodes de temps prises sur l'infini, tantôt dans des intervalles plus courts[1]. » Au sein de l'humanité, quelques individus mieux doués (*ingenio qui praestabant et corde vigebant*[2]) ont fait plus vite certaines découvertes, ils les ont enseignées aux autres et les ont entraînés à leur suite. Épicure ne paraît pas s'être occupé spécialement de l'instinct des animaux, ni avoir cherché à expliquer les merveilleux travaux qu'ils accomplissent ; la question ne présentait pas pour lui une difficulté spéciale, puisqu'il attribuait tout le développement de l'intelligence humaine à l'expérience sensible. Pour lui, tous les phénomènes, les actes des hommes comme la chute des pierres, doivent être expliqués de la même façon. Nous avons du moins lieu de penser que, comme toutes les autres légendes, il rejetait les traditions populaires sur l'âge d'or et sur l'intervention miraculeuse des dieux, protecteurs de l'humanité naissante. Pourtant, dans le XII° livre de son περὶ φύσεως, Épicure dit que les hommes primitifs ont reçu des leçons de natures immortelles, car elles existent, τοὺς πρώτους φησὶν ἀνθρώπους ἐπινοήματα λαμβάνειν ἀφθάρ-

---

1. Diogène Laerce, X, 75. *Lettre d'Épicure à Hérodote*, traduite par Guyau, *Morale d'Épicure*, 157.
2. Lucrèce, V, 1105.

τῶν φύσεων· εἶναι γάρ¹. Quel sens et quelle portée devons-nous attacher à cette phrase, il nous est impossible de le dire.

1. Philodème, περὶ εὐσεβείας, *Vol. Herc.*, II, 83, Usener, p. 127.

CHAPITRE VI

DE LA NATURE DE L'AME. — DE LA MORT.

Parmi les phénomènes dont se compose la vie de l'homme, il en est de particulièrement curieux, d'autant plus qu'il ne nous est pas donné de les observer chez les autres êtres, ce sont les phénomènes de l'âme ou de l'esprit; un grand nombre de philosophes les attribuent à un principe distinct du corps. Nous ne pouvons accepter cette opinion, dit Épicure, puisqu'il n'existe pas autre chose que les atomes et le vide[1]. L'âme est, elle aussi, de nature corporelle, elle est formée d'atomes, mais des atomes les plus subtils et les plus mobiles. Il n'y a en elle ni terre, ni eau, ni rien de pesant; elle ne peut être ni vue ni touchée; elle renferme de l'air, du vent, du feu et aussi une autre sorte d'atomes plus délicats encore, qu'on

---

1. LUCRÈCE, I, 440 :

> At facere et fungi sine corpore nulla potest res,
> Nec præbere locum porro nisi inane vacansque.
> Ergo præter inane et corpora tertia per se
> Nulla potest rerum in numero natura relinqui.

ne trouve qu'en elle, capables de sentir et de penser[1]. Ce quatrième élément de l'âme n'a pas de nom, ἀκατονόμαστον[2], *nominis expers*[3]. L'âme est une partie du corps, μέρος; comme elle est formée d'atomes très ténus et d'une extrême mobilité, elle est susceptible d'éprouver de grandes modifications. L'esprit, la raison est comme l'âme de l'âme; mais l'esprit ne peut penser et raisonner, que s'il est excité par des images.

Cette théorie, si simple en apparence, soulève un grand nombre d'objections : comment Épicure, après avoir posé ce principe que toutes nos connaissances nous viennent des sens, affirme-t-il l'existence d'éléments qui ne peuvent être perçus par la vue ni par le toucher? pouvons-nous croire que les atomes (si tant est que nous en concevions la nature) soient susceptibles de sentir et de connaître? Si nous admettons l'existence de cette sorte d'atomes, il semble qu'ils ne se distinguent pas seulement des autres par leur grosseur et par leur forme, qu'ils possèdent des attributs qualitatifs spéciaux, tout à fait différents des propriétés de la matière. Comment les mouvements et les rencontres des atomes donnent-ils naissance à

1. Diogène Laerce, X, 63, 67.
2. Plutarque, *De placitis*, IV, 5.
3. Lucrèce, III, 244.

des sentiments et à des pensées? Toutes ces difficultés, Épicure ne paraît pas les avoir soupçonnées. Attribuer le plaisir, la douleur, la pensée à des atomes, mais à des atomes plus subtils que les autres, c'est refuser de reconnaître qu'entre ces phénomènes et les mouvements quels qu'ils soient il y a autre chose qu'une différence de degré, que ce sont des faits d'un autre ordre.

L'âme est libre, c'est un dogme auquel Épicure attache la plus haute importance; nous avons vu que c'est afin de sauver la liberté, déclarée impossible par les fatalistes, qu'il a imaginé la déclinaison des atomes[1]. « Mieux vaudrait, dit-il, être asservi aux fables vulgaires sur les dieux qu'à la fatalité des physiciens : encore peut-on espérer de fléchir les dieux, mais la nécessité est inexorable[2]. » L'un des principaux arguments qu'il invoque contre la divination c'est qu'elle est incompatible avec la liberté de l'homme : μαντικὴν δ' ἅπασιν ἐν ἄλλοις ἀναιρεῖ ὡς καὶ ἐν τῇ μικρᾷ ἐπιτομῇ, καί φασι μαντικὴ ὡς ἀνύπαρκτος, εἰ δὲ καὶ ὑπαρχῇ, οὐδὲν πρὸς ἡμᾶς ἡγοῦ τὰ γινόμενα[3]. Il combat le déterminisme logique tout comme le déterminisme physique :

1. Cicéron, *De fato*, X, 20. — *De Nat. D.*, I, xxv. — Plutarque, *De solert. Anim.*, VII, 2 : ὅπως τὸ ἐφ' ἡμῖν μὴ ἀπολήσαι.
2. Diogène Laerce, X, 134.
3. Diogène Laerce, X, 135.

il soutient, après Aristote, que de deux propositions contradictoires au sujet d'un événement futur on ne peut dire que dès maintenant l'une est nécessairement vraie, l'autre fausse.

En quoi donc consiste la liberté? Malebranche, Kant, Schopenhauer avouent que la liberté est un mystère ; Épicure ne dit pas autre chose et ne fait qu'élargir la question. Notre volonté n'est soumise à aucune nécessité interne non plus qu'externe (*Ne mens nostra necessum Intestinum habeat cunctis in rebus agendis* [1]); malheureusement notre philosophe n'en a pas vu les caractères positifs aussi clairement que les conditions négatives. Il distingue bien le choix volontaire, προαίρεσις, des autres principes d'action, mais il ne dit pas ce qu'il faut entendre par ce choix : Ἐπίκουρος προσδιαρθροῖ τὰς αἰτίας, τὴν κατ' ἀνάγκην, κατὰ προαίρεσιν, κατὰ τύχην [2]... Τὰ μὲν τῶν γιγνομένων κατ' ἀνάγκην γίγνεται, τὰ δὲ κατὰ τύχην, τὰ δὲ παρ' ἡμᾶς [3]. Tantôt il dit que nous agissons selon les idées qui se présentent à l'esprit (*prout ipsa tulit mens*) ; mais les idées, qu'elles viennent directement ou par un détour plus ou moins long de la perception sensible, ne sont pas soustraites aux lois absolues qui régissent les choses; de même nos senti-

1. Lucrèce, II, 290.
2. Stobée, *Ecl. phys.*, éd. Heeren, I, 206.
3. Sextus Empiricus, *Adv. Math.*, V, 46.

ments, nos émotions, nos passions exercent une influence considérable sur notre conduite; mais nos émotions, nos passions résultent de l'effet produit en nous par les sensations et les perceptions; ou bien encore nous écoutons les suggestions qui nous viennent d'autres personnes. « On nous adresse des avertissements, parce que la cause de nos actions réside en nous-même et dans notre constitution primitive et non dans les influences fatales du milieu ou dans les accidents du hasard¹. » Tantôt il assimile nos décisions à la déviation des atomes, puisqu'il n'y a entre les deux séries de phénomènes qu'une différence de degré et non pas de nature; elles échappent donc non seulement à toute détermination de temps et de lieu (*declinamus item motus... nec regione loci certa nec tempore certo*), mais rien n'intervient pour les produire. Ce ne sont pas des phénomènes sans causes, notre volonté en est la cause complète et suffisante. N'est-ce pas les déclarer inexplicables, inintelligibles? Or ce que nous demandons avant tout à un système philosophique, c'est qu'il nous explique les assertions qu'il avance².

1. Fragments de la physique d'Épicure publiés par M. Gompperz. Comptes rendus des séances de l'Acad. de Vienne, t. LXXXIII, 1876, p. 87.
2. « Épicure, dit Gomperz, n'était pas indéterministe,

Il semble pourtant qu'Épicure n'avait pas beaucoup à faire pour concevoir une théorie bien autrement satisfaisante ; il est tout près de reconnaître le caractère moral de la question, puisque la liberté est la condition de la responsabilité : la nécessité, dit-il, est irresponsable ; d'autre part le hasard est instable, mais la liberté est sans maître et le blâme, ainsi que son contraire, l'accompagne naturellement, τὴν μὲν ἀνάγκην ἀνυπεύθυνον εἶναι... τὸ δὲ παρ' ἡμᾶς ἀδέσποτον, ᾧ καὶ τὸ μεμπτὸν καὶ τὸ ἐναντίον παρακολουθεῖν πέφυκε[1]. Mais il s'est arrêté dans cette voie ; il n'a pas approfondi le problème de la responsabilité et ne s'est pas même aperçu que c'était un singulier moyen de la garantir que de faire consister la liberté dans l'indifférence. Ces questions qui nous semblent, à nous, primordiales,

comme beaucoup l'admettent : il était l'adversaire du fatalisme, non du déterminisme ; il ne croyait pas que les actes de la volonté humaine fussent des phénomènes sans causes ; celui-là seul à ses yeux (comme à ceux de Voltaire et de bien d'autres) est moralement libre dont les actions sont déterminées par ses propres jugements, δόξα; il évitait, comme les meilleurs penseurs de nos jours (tels que Mill, Grote et Bain), l'emploi du mot nécessité dans la description des phénomènes de la volonté : il croyait que cette expression ne donne pas une idée exacte des rapports des faits ; il jugeait impropre de désigner par un seul et même mot l'action (Wirksamkeit) de causes irrésistibles et l'action de toutes les causes en général. » *Neue Bruchstücke Epicurs*, Wien, 1876.

1. Diogène Laerce, X, 133.

puisque c'est de là que dépend le caractère essentiel de la moralité, Épicure n'en a pas saisi l'intérêt. De même il ne parle jamais du moi, de ce qui constitue l'unité et l'identité de la personne. Il a bien connu les hommes tels qu'ils sont, mais ne s'est pas demandé s'ils doivent être meilleurs.

L'âme n'est pas d'autre nature que le corps, c'est ce que l'expérience nous atteste à chaque instant. L'âme en effet met le corps en mouvement et reçoit le contre-coup de tout ce qui vient le frapper; ils sont donc l'un et l'autre en contact immédiat, ce qui est le fait de la matière[1]. L'âme n'existe pas avant le corps, nous n'avons aucun souvenir d'une vie antérieure. A quel moment prétendez-vous qu'elle s'est introduite dans les membres et a commencé de les animer? Vous a-t-il jamais été donné de constater l'existence d'âmes sans corps ou de corps vivants sans âmes? L'âme ne peut vivre sans le corps, ni le corps sans l'âme, de même que l'œil ne peut voir sans le corps tout entier ni le corps sans l'œil. Elle est engendrée par les parents, tout comme le corps. Les aptitudes intellectuelles, les sentiments, le caractère, les qualités de l'esprit et du cœur

---

1. Lucrèce, I, 305; III, 166 :

Tangere enim et tangi, nisi corpus, nulla potest res...
... Quorum nil fieri sine tactu posse videmus,
Nec tactum porro sine corpore...

s'expliquent par la proportion selon laquelle sont combinés les éléments de l'âme ; ils se transmettent héréditairement des parents aux enfants non moins que les traits de la physionomie ou les germes de certaines maladies. L'âme grandit avec le corps ; elle a comme lui son enfance, son adolescence, sa maturité et souvent aussi sa période de décrépitude ; elle a besoin d'être entretenue par la nourriture, elle est appesantie ou au contraire surexcitée par les fumées du vin ; elle souffre des maladies, des accidents qui affectent le corps et parfois elle y succombe. Pendant la vie, elle est répandue dans tout le corps, puisque toutes les parties en sont animées et sensibles, mais elle est surtout concentrée dans la poitrine où se manifestent les agitations causées par les passions violentes : ces passions, l'amour, la colère, la crainte, ont pour effet immédiat tantôt de redoubler les forces du corps, tantôt de les briser. A la mort, l'âme s'échappe du corps soit par le passage que lui livrent des blessures, soit par la bouche qui exhale un dernier souffle. Au moment de la mort, le corps ne perd rien de sa taille ni de son poids ; gardez-vous d'en conclure que l'âme n'est pas matérielle ; mais elle est formée, nous l'avons dit, d'atomes extrêmement subtils qui ne peuvent être ni vus, ni pesés. L'âme n'est pas une harmonie résultant du bon fonctionnement de tous les organes, mais une partie du corps, et à la mort elle se dissout comme lui.

Nous ne pouvons, semble-t-il, nous délivrer de la crainte de la mort, car pour les autres maux nous espérons les éviter ou nous en garantir, tandis que la mort est inévitable. La crainte de la mort, qui empoisonne tous les biens de la vie, est inspirée non par la raison, mais par l'imagination : nous ne devrions pas avoir peur de la mort plus que du sommeil qui, lui aussi, interrompt nos plaisirs[1]. N'oublions pas que c'est une loi absolue que tout ce qui vit doit mourir ; au point de vue de l'intelligence, la mort n'est pas un mal, puisqu'elle est dans la logique de la nature. La mort n'est qu'une apparence trompeuse : aucun des atomes qui formaient le corps ne périt ; ils se dissocient, se dispersent, mais pour entrer dans de nouvelles combinaisons qui fourniront à leur tour des matériaux à d'autres corps. Épi-

---

1. Lettre d'Épicure à Ménécée : « Accoutume-toi à penser que la mort n'est rien pour nous : car tout bien et tout mal réside dans le pouvoir de sentir ; mais la mort est la privation de ce pouvoir. Aussi cette connaissance droite que la mort n'est rien pour nous fait que le caractère mortel de la vie n'empêche pas la jouissance et cela non en plaçant devant nous la perspective d'un temps indéfini, mais en nous ôtant le désir de l'immortalité. — La mort n'est rien à notre égard, car ce qui est une fois dissous est incapable de sentir et ce qui ne sent point n'est rien pour nous. » DIOGÈNE LAERCE, X, 125, 139.

cure a fort bien compris cette circulation curieuse des corpuscules élémentaires, de sorte que la même matière revêt successivement les aspects les plus divers. La destinée de l'âme n'est pas autre que celle du corps. Les atomes dont elle est formée se séparent. Chacun d'eux continue de subsister, puisque rien ne s'anéantit dans la nature ; mais, comme ils ne sont plus groupés de la même manière, ils ne constituent plus la même personne. Nous n'existerons pas plus après notre mort que nous n'avons existé avant notre naissance ; et comme nous savons par expérience que nous n'avons rien souffert des catastrophes de tout genre qui se sont produites autrefois, nous pouvons être sûrs qu'aucun malheur ne nous atteindra dans l'avenir. Puisque la mort n'est pas un mal au moment où elle est arrivée, elle ne peut être un mal pour l'imagination qui la prévoit : « Insensé, dit Épicure, celui qui dit qu'il craint la mort, non parce qu'une fois présente elle l'affligera, mais parce que, encore future, elle l'afflige ; car ce qui, une fois présent, n'apporte pas de trouble, ne peut affliger, étant encore à venir, que par une vaine opinion : ὁ παρὼν οὐκ ἐνοχλεῖ, προσδοκώμενον κενῶς λυπεῖ [1]. »

Mais, dira-t-on, puisque la mort met tout à coup

---

[1]. Diogène Laërce, X, 125.

un terme aux plaisirs que nous apporte la vie, c'est incontestablement un grand mal. — Non pas, répond Épicure, car la prolongation n'aurait rien ajouté à ces plaisirs : *At enim negat Epicurus ne diuturnitatem quidem temporis ad beate vivendum aliquid afferre, nec minorem voluptatem percipi in brevitate temporis quam si illa sit sempiterna... Quum enim summum bonum in voluptate ponat, negat infinito tempore ætatis voluptatem fieri majorem quam finito atque modico*[1]. — « Le temps, qu'il soit sans bornes ou borné, contient un plaisir égal, si on sait mesurer par la raison les bornes de ce plaisir[2] ». « Il y a dans la jouissance une sorte de plénitude qui la rend indépendante du temps ; le vrai plaisir porte son infinité au dedans de lui[3]. » Disons mieux : puisque la cessation de la douleur est par elle-même le plus grand bien, la mort, qui met définitivement un terme à tous nos maux, qui nous garantit contre la possibilité d'un mal à venir, doit être considérée comme un bonheur. La vie non plus n'est pas un bien par elle-même, de sorte que nous ne pouvons dire que ç'aurait été un mal pour nous que de ne pas exister[4].

1. CICÉRON, *De finibus*, II, xxvii, 87, 88. — *Ibid.*, I, xix, 63.
2. DIOGÈNE LAERCE, X, 145.
3. Guyau, *Séances de l'Académie des sciences morales* t. CXI, p. 362.
4. DIOGÈNE LAERCE, X, 126.

La mort n'est jamais un bien en soi et ne peut être désirée, mais elle n'est pas non plus un mal et nous n'avons pas lieu de la fuir, surtout quand la vie elle-même est un mal. « Ainsi la connaissance de cette vérité que la mort n'est rien fait que nous trouvons du charme à la mortalité de la vie, non qu'elle nous fasse espérer un temps infini, mais parce qu'elle nous affranchit du désir de l'immortalité[1]. » Épicure ne méconnaît pas que la mort est quelquefois douloureuse, lorsqu'elle est causée par une blessure ou par une maladie cruelle; mais la douleur cesse au moment de la mort. Si la mort nous fait peur, c'est que nous sommes trop attachés aux richesses et aux biens de ce monde, dont nous exagérons le prix.

Épicure aimait à répéter à ce sujet un argument spécieux dont la forme spirituelle devait plaire à l'imagination des Grecs : « Nous ne devons pas craindre la mort, disait-il, car tant que nous vivons elle ne nous atteint pas et dès qu'elle survient, c'est nous qui ne sommes plus. » Elle n'importe donc ni aux vivants ni aux morts; vivants, elle ne nous tient pas encore; morts, nous ne sommes rien[2]. Bayle a fort bien vu ce qu'on

---

1. Diogène Laerce, X, 124.
2. Diogène Laerce, X, 125.

peut répondre à ce raisonnement : « Les Épicuriens ne peuvent pas nier que la mort n'arrive pendant que l'homme est doué encore de sentiment. C'est donc une chose qui concerne l'homme et de ce que les parties séparées ne sentent plus, ils ont eu tort d'inférer que l'accident qui les sépare est insensible. »

Ne nous mettons point en peine de notre sépulture : le cadavre n'est plus doué d'aucune sensibilité; peu importe donc qu'il soit ballotté par les flots, englouti par les monstres marins, dévoré par les oiseaux et les bêtes sauvages, pourri par la pluie et le soleil, brûlé sur un bûcher de bois précieux, embaumé dans les aromates ou écrasé sous une dalle de marbre. Quant à l'âme, dès qu'elle s'en est détachée (ou plutôt qu'elle a cessé d'être), elle ne peut plus souffrir aucune incommodité du fait des accidents qui lui surviennent.

Puisque tout finit pour nous avec cette vie, nous n'avons pas à redouter une existence ultra-terrestre, triste, misérable ou même cruelle [1]; les supplices dont parlent les poètes et les légendes populaires, ceux-là les souffrent dès ce monde qui sont en proie aux passions [2]. Comme on l'a fait

1. GUYAU, *Séances de l'Académie des sciences morales*, t. CXI, p. 350.
2. L'idée que nous ne devons pas plus nous inquiéter de

souvent remarquer, l'idée de la mort n'était pas accompagnée chez les Anciens de l'espoir d'une condition meilleure : les plus sages et les plus vertueux des hommes ne pouvaient s'attendre qu'à une survie triste et pénible. D'après Épicure, il ne saurait être question d'un jugement des morts, car ceux-ci ont complètement cessé d'exister.

Mais ne voyons-nous pas souvent apparaître dans nos songes les ombres des morts qui se lamentent sur leur condition, qui nous protègent ou qui nous menacent? Ce sont des illusions de notre imagination, produites par l'intensité du souvenir que nous avons gardé de certaines personnes, par les sentiments, par les passions qui nous agitent. Nous ne devons pas croire que les anciens héros deviennent les patrons des cités ou bien de certaines familles, de certains individus, mais nous n'avons rien à craindre non plus de la colère des morts ou de leur vengeance. Quant aux vers admirables de Lucrèce sur les maux que cause parmi les hommes la peur de la mort, sur les arguments ridicules auxquels ils ont recours pour justifier leur atti-

l'éternité *a parte post* que de l'éternité *a parte ante* a été, comme le fait remarquer Guyau, reprise par Schopenhauer; en réalité c'est une réflexion d'une grande profondeur.

tude, il semble qu'ils sont bien de lui, qu'Épicure n'eut pas besoin d'une éloquence si impétueuse : les Grecs, auxquels il s'adressait, avaient l'esprit plus large et plus rassis que les Romains ; ils n'étaient pas en proie à de mesquines terreurs et leur heureuse insouciance ne se préoccupait pas beaucoup de l'avenir.

Cicéron accuse Épicure de contradiction au sujet de son testament : lui qui ne croyait pas à l'immortalité de l'âme, il ne devait pas s'inquiéter de l'avenir ni prescrire à ses disciples de fêter son anniversaire. Mais, si nous y regardons de près, nous voyons combien ces reproches sont injustes ; ce qu'il avait à cœur, c'était d'assurer par les meilleurs moyens possibles la durée de son école et l'avenir des personnes qu'il avait prises à sa charge ; nous ne trouvons dans ce testament aucune prescription pour sa sépulture, dont le sage ne doit prendre nul souci.

CHAPITRE VII

LES DIEUX.

Puisque tous les phénomènes s'expliquent de la façon la plus naturelle, que tous sont régis par des lois fixes et absolues, nous ne voyons nulle part aucune intervention d'une puissance extérieure, aucune manifestation de la divinité : « On a dit que de la contemplation de l'ordre de la nature à l'idée d'une Providence qui régit tout, il n'y a qu'un pas : soit, mais ce pas Épicure ne le franchit point[1]. » La plupart des hommes croient que ce sont les dieux qui ont disposé le monde tel qu'il est, qu'ils y exercent une action constante, qu'ils président aux révolutions des astres et à la succession des saisons, qu'ils suivent d'un œil attentif et auquel rien n'échappe tout ce que nous accomplissons, tout ce qui nous arrive, qu'ils font du bien aux uns, du mal aux autres, qu'ils ont leurs amis et leurs ennemis, qu'on peut les irriter ou les fléchir, qu'ils déchaînent les tem-

---

1. CROUSLÉ.

pètes, qu'ils lancent la foudre, envoient les
maladies et tous les fléaux, mais qu'ils peuvent
aussi les détourner, assurer à ceux qu'ils protègent d'abondantes récoltes et le succès de leurs
entreprises. C'est de cette croyance que sont
nées les superstitions répandues chez tous les
peuples sous des formes plus absurdes les unes
que les autres et qui ne laissent pas un moment
de tranquillité à l'imagination des malheureux
mortels. Toutes ces superstitions ont deux sources : l'ignorance de la véritable cause des faits[1]
et la terreur que nous inspirent certains grands
phénomènes météorologiques, les orages, les
tempêtes, les tremblements de terre, les maladies
épidémiques. Par conséquent la science, qui
nous découvre le véritable caractère de la nature,
nous affranchit de toutes ces pensées et des
maux qui en résultent[2]; grâce à elle nous pouvons considérer avec calme tout ce qui se passe
autour de nous (*pacata posse omnia mente tueri*).
Épicure a été considéré par tous ses disciples
comme un libérateur et leur reconnaissance enthousiaste n'a pas eu de bornes. Il ne faut pour-

1. LUCRÈCE, VI, 53.
2. LUCRÈCE, II, 59 :

    Hunc igitur terrorem animi tenebrasque necesse est
    Non radii solis neque lucida tela diei
    Discutiant, sed naturæ species ratioque.

tant pas nous laisser abuser par les invectives admirables de Lucrèce : comme nous l'avons déjà expliqué, il parlait à des Romains, il avait sous les yeux le spectacle des maux que causait de son temps la superstition parmi ses compatriotes. Il ne semble pas qu'Épicure ait eu lieu de prendre le même ton : la religion ne présentait pas chez les Grecs le même caractère. Théophraste, son contemporain, a tracé le portrait du superstitieux; il est probable qu'Épicure s'en moquait en termes analogues et sans plus de passion. La crainte de la jalousie des dieux, de la Némésis, si curieusement étudiée par M. Tournier, ne pouvait tourmenter qu'un petit nombre de personnes placées dans une condition exceptionnellement heureuse.

Ainsi nous ne devons attribuer aux dieux ni la première origine du monde, ni le maintien de l'ordre général, ni les désordres accidentels qui le troublent. Épicure ne tarit pas en railleries contre la Providence, dont les Stoïciens s'étaient faits les champions; il l'appelle *anus fatidica*[1]. Comment en effet les dieux se seraient-ils un beau jour embarrassés du monde, eux qui s'en étaient si bien passés jusque-là? Épicure se

[1]. Cicéron, *De Nat. D.*, I, viii, 18. — Plutarque, *Non posse suav. vivi*, XXI, 2.

moque de ceux qui disent que les dieux ont créé toutes choses pour l'homme et l'homme pour eux-mêmes : *quæ utilitas Deo in homine?* Ont-ils besoin de nos hommages? Manquent-ils de quelque chose et pouvons-nous ajouter à leur félicité? Lorsque nous agissons, c'est toujours pour satisfaire un besoin, pour obtenir un objet que nous désirons et que nous ne possédons pas encore, pour réaliser ce qui manque à notre bonheur. Les dieux ont tout ce qu'il leur faut, ils jouissent d'un bonheur complet, ils n'ont donc rien à faire. Certains passages d'Épicure porteraient à croire que les dieux font du bien aux bons, du mal aux méchants; il avait, dit-on, écrit un livre « Des rapports d'amitié qu'a la divinité avec certains hommes et des rapports contraires qu'elle a avec certains autres » (c'est ainsi que M. Carrau traduit περὶ τῆς οἰκειότητος... καὶ τῆς ἀλλοτριότητος) : en réalité, selon que les hommes ont une bonne ou une mauvaise conscience, la pensée des dieux et la vue des temples excite en eux des sentiments de confiance ou de crainte. D'autre part comment les dieux auraient-ils pu se faire une idée des choses qu'il s'agissait de former, du plan qu'ils avaient à réaliser, si rien n'existait qui pût leur en fournir la connaissance? Enfin nous ne pouvons croire que l'ordre du monde ait pour principe une intelligence divine, car nous, qui ne sommes que des hommes, nous y relevons un grand nombre d'imperfections, nous le surprenons continuellement en défaut, nous le voyons troublé par toutes sortes de cataclysmes : ἀσεβὴς οὐχ ὁ τοὺς τῶν πολλῶν θεοὺς ἀναιρῶν, ἀλλ' ὁ τὰς τῶν πολλῶν δόξας θεοῖς προσάπτων [1]. Si les dieux s'occupaient des affaires du monde, nous n'y verrions pas tant de monstrueuses injustices qui nous affligent et nous révoltent; ils veilleraient sur les gens de bien, ne permettant pas qu'ils soient victimes des maux les plus cruels, des accidents, des maladies, de la ruine, des persécutions, ils ne toléreraient pas le succès insolent des méchants, dont l'éclat et la durée nous scandalisent. Direz-vous que les dieux ont voulu que tous les hommes fussent bons et heureux? Ils n'y ont guère réussi, car le nombre est étrangement petit de ceux qui ont la vertu et le bonheur en partage. Les rendrez-vous donc responsables des vices des hommes et de tous les maux qui les accablent? Est-ce pour notre bien qu'ont été faites tant de contrées inhabitables, où règne une chaleur torride ou un froid glacial, tant de régions insalubres, tant d'épidémies meurtrières, tant de guerres, de tempêtes,

---

1. Diogène Laerce, X, 123.

de tremblements de terre? Nous ne devons leur attribuer aucune de nos passions, aucun de nos vices; ils ne favorisent ni ne persécutent personne[1]. Vous prétendez que la Providence des dieux dirige tout l'univers; y songez-vous? Que d'affaires vous leur mettez sur les bras! que d'inquiétudes, que de soucis, que de soins fatigants, afin que rien ne se dérange, que toutes les parties demeurent d'accord! et que d'échecs humiliants! Des êtres condamnés à une pareille condition ne mènent certainement pas une vie heureuse et divine; leur assigner un pareil rôle, voilà qui est un véritable blasphème. « Épicure, dit M. Martha, rendait aux dieux en délicieuse tranquillité ce qu'il ôtait à leur puissance. » Ils n'ont jamais à nous signifier leur volonté; ils ne nous prédisent pas l'avenir; nous ne devons donc ajouter foi ni aux oracles, ni à la divination. C'est folie de leur élever des temples, de leur adresser des prières, de leur offrir des sacrifices. A plus forte raison devons-nous rejeter toute croyance aux démons, à des divinités inférieures, à des êtres intermédiaires entre les dieux et les hommes, qui exécutent les ordres divins et peuvent exercer une

---

1. Diogène Laerce, X, 139 : Τὸ μακάριον καὶ ἄφθαρτον οὔτ' αὐτὸ πράγματ' ἔχει οὔτ' ἄλλῳ παρέχει, ὥστ' οὔτ' ὀργαῖς οὔτε χάρισι συνέχεται. ἐν ἀσθενεῖ γὰρ πᾶν τὸ τοιοῦτον.

influence heureuse ou funeste sur notre destinée. S'il condamnait la religion populaire, Épicure proscrivait du même coup les mystères, ces doctrines secrètes enseignées aux seuls initiés, dont la curiosité des Grecs était si avide : comment croire qu'une théorie quelconque a été révélée aux hommes par un dieu? Sans compter que le délire excité par les cérémonies orgiastiques égare la raison bien loin de la mettre sur la voie de la vérité.

Cette négation formelle de la Providence est tellement contraire aux idées communes que l'on accuse généralement Épicure d'athéisme. Est-il donc besoin de rappeler qu'Aristote n'a pas moins nettement exclu de la philosophie l'idée de Providence, puisque, d'après lui, Dieu ne connaît même pas l'existence du monde, bien loin d'intervenir dans les choses qui s'y passent? Si Épicure proteste qu'il n'est pas athée, on répète avec Cicéron que son système l'est incontestablement, qu'il a supprimé les dieux et que s'il en a laissé subsister le nom, c'est afin de ne pas soulever la haine publique et pour ne pas s'exposer à être mis en accusation. Nous ne croyons pas qu'il y ait lieu de le soupçonner de cette faiblesse et de cette inconséquence : Épicure n'avait pas à craindre la peine capitale. Le déisme dont il faisait profession n'était pas, nous l'avons dit, moins contraire aux croyances populaires que l'athéisme le plus franc. On a vu en Grèce des athées déclarés qui n'ont jamais été inquiétés; quelques-uns même, tel Pyrrhon, ont été investis de fonctions sacerdotales; à ceux qui ont été accusés et condamnés, comme Socrate[1], on reprochait d'attaquer les cérémonies religieuses qui étaient prescrites par les lois de l'État, contre lesquelles Épicure n'élevait pas d'objections, auxquelles même il se faisait un devoir d'assister, convaincu qu'il s'agissait là de l'accomplissement d'un devoir civique[2].

Nous n'avons donc point de motifs de révoquer en doute la sincérité de ses déclarations[3]. La première preuve qu'il apporte de l'existence des dieux, c'est la croyance universelle: « Tous

1. Socrate avait été condamné ὡς οὓς μὲν ἡ πόλις νομίζει θεοὺς οὐ νομίζοντα.

2. GASSENDI, *De vita et moribus Epicuri*, IV, 4: « Si Épicure assista à quelques cérémonies religieuses de son pays tout en les désapprouvant au fond du cœur, sa conduite fut jusqu'à un certain point excusable. Il y assistait en effet parce que le droit civil et l'ordre public exigeaient cela de lui : il les désapprouvait parce que rien ne force l'âme du sage de penser à la façon du vulgaire... Le rôle de la philosophie était alors de penser comme le petit nombre, de parler et d'agir avec la multitude. »

3. Voir la thèse de M. PICAVET, *De Epicuro novæ religionis auctore, sive de diis quid senserit Epicurus*, 1888.

les peuples, dit-il, sont convaincus qu'il y a des dieux ; c'est donc une connaissance naturelle qu'il est impossible de révoquer en doute[1]. » Ceux qui condamnent sévèrement cet argument paraissent oublier qu'il a été invoqué et pris au sérieux par Aristote[2]. Ce n'est pas à proprement parler une preuve, c'est une constatation, car il reste toujours à se demander l'origine de cette croyance universelle : Épicure l'appelle une anticipation, πρόληψιν, un pressentiment de la vérité. Nous avons dit combien ce mot est équivoque et comment il peut désigner une sorte de connaissances que le reste du système devrait exclure.

Nous trouvons encore indiquée dans Cicéron une autre preuve : il doit y avoir des dieux, car il faut qu'il y ait des êtres au-dessus de tous les

---

[1]. Cicéron, *De Nat. D.*, I, xvii, 44 : « Ce n'est point une opinion qui vienne de l'éducation, ou de la coutume, ou de quelque loi humaine, mais une croyance ferme et unanime parmi tous les hommes, sans en excepter un seul ; il suit de là que c'est par des notions empreintes dans nos âmes, ou plutôt innées, que nous comprenons qu'il y a des dieux. Or tout jugement de la nature, quand il est universel, est nécessairement vrai. Il faut donc reconnaître qu'il y a des dieux. Et comme les philosophes et les ignorants s'accordent presque tous sur ce point, il faut reconnaître aussi que les hommes ont naturellement une idée des dieux ou, comme j'ai dit, une prénotion (πρόληψιν). »

[2]. Aristote, *Eth. Eud.*, I, 6.

autres, une perfection absolue qui explique les perfections relatives : *placet illi esse deos, quia necesse sit praestantem esse aliquam naturam, qua nihil sit melius* [1]. Il est probable qu'Épicure n'insistait pas beaucoup sur ce raisonnement, d'ordre éminemment métaphysique. Socrate et Platon avaient soutenu que si les choses possèdent des qualités incomplètes, c'est qu'il existe au-dessus d'elles une perfection complète et que nous ne pouvons nous faire une idée des perfections relatives que parce que nous avons l'idée antérieure d'une perfection absolue. Ces considérations tiendront une grande place dans la théologie des docteurs chrétiens du moyen âge, saint Anselme et saint Thomas ; mais l'esprit n'en a rien d'épicurien ou plutôt, si on les approfondit, elles impliquent des croyances contraires aux principes du système.

Épicure développe en revanche un autre argument qui lui appartient en propre et qui présente une physionomie bien curieuse : « Nous avons tous, dit-il, l'idée des dieux ; or une idée ne peut nous être fournie que par la perception de simulacres émanant des objets eux-mêmes ; il faut donc qu'il existe des dieux et que nous en per-

---

[1]. Cicéron, *De Nat. D.*, II, xvii.

cevions les effigies, sans cela nous ne pourrions en acquérir la notion¹. » Le raisonnement, irréfutable pour un Épicurien orthodoxe, ne vaudrait rien en dehors de l'école ; il va même engager son auteur dans d'inextricables difficultés.

Il ne se borne pas en effet à affirmer que les dieux existent ; il a la prétention d'enseigner ce qu'ils sont ; il n'a pas la prudence de se retrancher derrière cette doctrine commode que nous ne pouvons rien savoir de la nature des dieux et que nous devons renoncer à toute recherche sur ce sujet. Cependant un passage de Philodème² semble dire que, selon Épicure, il y a sur la nature des dieux des choses que nous pouvons connaître et d'autres que nous ne devons pas chercher. Ce dont nous sommes bien sûrs avant tout, c'est que les dieux sont heureux ; c'est un dogme fondamental ; en eux se trouve complètement réalisé l'idéal épicurien ; la plus haute perfection dont notre philosophe se fasse l'idée, c'est le bonheur ; la fin vers laquelle tendent tous nos efforts sans que nous puissions y parvenir, les dieux, en vertu de leur nature, en jouissent perpétuelle-

---

1. Lucrèce, VI, 76 :

> ... De corpore quae sancto simulacra feruntur
> In mentes hominum divinae nuntia formae.

2. *Vol. Herc.*, t. VI, col. 14.

ment; rien ne leur manque; ils n'ont rien à désirer, ils n'éprouvent aucune des passions qui ne sont ni naturelles ni nécessaires. C'est de là que nous pouvons tirer par le raisonnement quelques indications sur leurs attributs; nous devons éliminer avec soin tout ce qui porterait atteinte à leur félicité, comme la préoccupation d'intervenir dans le cours des phénomènes du monde et de la destinée des hommes[1].

Mais ici les difficultés commencent : Épicure a posé en principe que rien n'existe que de matériel, que tout ce qui est est composé d'atomes et de vide : cette loi s'applique-t-elle même aux dieux? Car dire qu'ils ne sont pas corporels, c'est admettre qu'il y a d'autres réalités que les atomes, ce que nous n'avons pas le droit de faire. Dès lors toutes les questions qui se sont posées au sujet de la nature de l'âme vont se représenter avec une nouvelle gravité : pouvons-nous croire que les dieux sont de même nature que la matière la la plus grossière? D'autre part, si tout est en mouvement dans le monde, si tous les phénomènes

---

1. Diogène Laerce, X, 123, *Lettre d'Épicure à Ménécée* : « Conçois d'abord que Dieu est un être immortel et bienheureux; garde-toi donc de rien lui attribuer qui ne puisse s'accorder avec son immortalité et sa béatitude. Cela une fois hors d'atteinte, tu peux donner à ton esprit sur cet être tel essor qu'il te plaira. »

sont des mouvements, les êtres formés par la réunion temporaire, par l'heureuse rencontre de certains atomes ne peuvent être immuables, et finissent tôt ou tard par se dissoudre. Épicure est bien forcé d'en convenir : les dieux vivent incomparablement plus longtemps que nous, mais ils ne sont pas à proprement parler immortels, il y en a toujours, mais ce ne sont plus les mêmes. Eh quoi! nous permettrons-nous de demander, est-ce un bonheur parfait que celui qui doit nécessairement finir?

Épicure n'est pas plus heureux lorsqu'il essaie de répondre à ceux qui l'accusent de matérialiser les dieux : il ne faut pas, dit-il, leur attribuer un corps, mais une sorte de corps; du sang, des os, mais une sorte de sang, d'os; ils ont besoin de nourriture, mais d'une nourriture appropriée à leur nature; qu'est-ce que cela peut bien vouloir dire? Nous songeons aux vers de La Fontaine : « Je subtiliserais un morceau de matière, quintessence d'atome[1] ». Mais ce ne sont là que des mots; arrivons-nous à former quelque notion qui leur donne un sens?

Il semble que les dieux d'Épicure ne peuvent avoir qu'une ombre d'existence, une ombre de

---

1. LA FONTAINE, *Fables*, X, I.

réalité et par conséquent une ombre de bonheur. Comme le dit spirituellement Cicéron, ce ne sont que des esquisses de dieux, *deos monogrammos;* peut-être même ne sont-ce que des visions passagères, sans véritable identité, *neque eamdem ad numerum permanere,... nec ad numerum*[1]. Sans compter que, pour les mettre à l'abri des chocs et des accidents résultant des mouvements continus des atomes et de l'effondrement incessant des mondes, notre philosophe les loge dans les intervalles qui séparent les différents univers : « *Deos... perlucidos et perflabiles tanquam inter duos lucos sic inter duos mundos, propter metum ruinarum*[2]. » Mais où sont situés ces intermondes, que sont ces espaces vides où ne peuvent pénétrer les atomes, qui sont soustraits aux lois universelles du mouvement et d'où nous viennent cependant les impressions qui nous font connaître avec une certitude infaillible l'existence des dieux et leur félicité?

Il en faut bien convenir, la théodicée d'Épicure est d'une déplorable faiblesse; lui qui ne tarit pas de railleries contre les croyances populaires, il avance une série de propositions à l'appui des-

---

1. Cicéron, *De Nat. D.*, I, xxxvii, 105, 106. — Lachelier, *Revue de philologie*, 1877, p. 264.
2. Cicéron, *De Divinatione*, II, xvii, 40.

quelles il n'apporte aucune preuve et toute l'école accepte comme vérités certaines des dogmes d'une puérilité stupéfiante. Les livres de Philodème dont on a trouvé des fragments à Herculanum nous fourniraient sur tous ces points des renseignements précieux, s'ils n'étaient pas en si fâcheux état. Tout d'abord Épicure soutient que les dieux sont beaucoup plus nombreux qu'on ne le croit d'ordinaire; au nom d'une prétendue loi d'équilibre, dont il ne rend aucunement raison, il croit qu'il y a autant de dieux que d'êtres mortels. Bien que les dieux nous soient supérieurs par la taille, par la force et par toutes les autres qualités, il ne faut pas douter qu'ils ont la même forme et la même figure, car lorsqu'ils apparaissent, c'est toujours sous cet aspect[1] (on aurait beau jeu à répondre que cette image que nous nous faisons de la divinité a pour point de départ les représentations que nous avons sous les yeux, qu'Épicure et ses disciples ne pouvaient se défaire de l'impression produite sur eux par les chefs-d'œuvre de l'art grec, tandis que d'autres peuples, ainsi que le remarquait déjà Xénophane de Colo-

---

1. Cicéron, *De nat. D.*, I, xviii : « A natura habemus omnes omnium gentium speciem nullam nisi humanam Deorum; quæ enim alia forma occurrit unquam aut vigilanti cuiquam aut dormienti? »

phon, se représentent les dieux sous toutes sortes de figures monstrueuses); de plus, la forme humaine est la plus belle qui se puisse imaginer, enfin c'est la seule qui soit accommodée à l'exercice de la raison et à la jouissance des plaisirs de l'esprit.

Une fois engagé dans la voie de cet anthropomorphisme enfantin, Épicure ne s'arrête plus. Les dieux sont de sexe différent : n'en résultera-t-il pas qu'ils s'aimeront, qu'ils seront en proie aux passions, qu'ils seront torturés par elles et souvent mis aux prises ? Qu'ils contracteront des unions et auront des enfants ? Qu'ils seront sujets aux infirmités de l'adolescence et de la vieillesse ? Ce n'est pas tout : ils ne dorment pas, car le sommeil est une sorte de mort, et des êtres qui ne font rien n'ont pas besoin de repos ; ils prennent, nous l'avons dit, des aliments ; ils ont des demeures ; dans leurs entretiens (car ces êtres bienheureux connaissent le charme d'une vie sociale analogue à l'amitié épicurienne), ils parlent grec ou une langue toute voisine, car il n'en est pas de plus parfaite. Épicure ne paraît pas s'être mis en peine de découvrir des explications allégoriques de la mythologie populaire ; les interprétations que donne Lucrèce[1] sont postérieures. En dépit de ces

---

1. LUCRÈCE, II, 598, 655. — III, 976.

contradictions, nous ne pouvons accepter le jugement de Lange, d'après lequel notre philosophe attribue aux dieux une existence non réelle, mais idéale : « Il est indubitable, dit-il [1], qu'en réalité Épicure honorait la croyance aux dieux comme un élément de l'idéal humain, mais qu'il ne voyait pas dans les dieux eux-mêmes des êtres extérieurs. Le système d'Épicure resterait pour nous enveloppé de contradictions, si on ne l'envisageait au point de vue de ce respect subjectif pour les dieux qui met notre âme dans un accord harmonique avec elle-même..... Peu lui importait que cette perfection se montrât dans leurs actes extérieurs ou qu'elle se déployât simplement comme idéal dans nos pensées. » Il y a là un raffinement dont Épicure nous paraît incapable.

Il semble que, puisque les dieux ne s'occupent pas de nous, nous n'avons pas non plus à nous occuper d'eux ; rien en apparence de plus logique que cette conclusion sur laquelle Cicéron revient continuellement ; et cependant Épicure avait écrit non seulement un livre sur les dieux (περὶ θεῶν), mais un autre sur la piété (περὶ εὐσεβείας). C'est là une des parties les plus intéressantes et, à notre avis, les plus belles de son système. Nous n'avons

---

1. LANGE, *Histoire du matérialisme*, trad. franç., t. I, p. 93.

pas de maux à redouter de la colère des dieux, pas de bien à espérer de leur faveur, nous ne saurions songer à les apaiser ou à les concilier par des sacrifices, des offrandes ou des prières ; mais nous concevons que ce sont des êtres immortels, très sages et très heureux ; la pensée de ces perfections ne peut nous laisser indifférents ; elle nous remplit de respect et de vénération ; nous nous devons à nous-mêmes de témoigner notre admiration pour cette grandeur qui s'élève si haut au-dessus de la nôtre, *propter majestatem eximiam singularemque naturam* [1]. Peut-être remarquera-t-on encore à ce propos qu'Épicure se contredit lui-même en reconnaissant qu'une action est bonne quoiqu'elle ne doive nous procurer aucun avantage. Voilà ce que n'ont pas compris les anciens qui ne concevaient pas l'idée d'une autre piété que celle qui cherche à détourner de notre tête le plus de maux possible et à nous attirer des biens ; voilà ce que n'ont pas vu non plus tous ceux des commentateurs chrétiens, dont la dévotion n'est pas dégagée de préoccupations intéressées. D'autres au contraire croient, comme Gassendi [2], que la véritable piété

---

1. SÉNÈQUE, *De benef.*, IV, 193.
2. GASSENDI, *De vita et moribus Epicuri*, lib. IV, cap. III : « Duplicem solemus assignare causam quare Deum homines colant : unam dicimus excellentem supremamque Dei natu-

doit être détachée de toute pensée d'utilité personnelle, que nous devons adorer Dieu parce qu'il est Dieu et que nous sommes nous : ceux-là reconnaissent ce qu'il y a de grand dans la doctrine d'Épicure pour qui la dernière démarche de la raison

ram quae seipsa et sine ullo ad nostram utilitatem respectu cultus et reverentiae dignissima sit; alteram beneficia quae Deus seu bona largiendo, seu a malis avocando, aut contulerit, aut, quod magis movet, collaturus sit. Hinc si quispiam ad Deum colendum priore causa alliciatur, hunc se affectu vere filiali componere asserimus, sin posteriore, prorsus servili. » Il est intéressant de rapprocher de cette doctrine une belle page d'Abélard : « Le nom de charité ne convient point à cet amour qui envisagerait en Dieu notre propre intérêt et la jouissance du bonheur éternel, amour d'où il résulterait que notre fin dernière serait en nous-même et non dans le Souverain Être. Ceux qui aiment de la sorte méritent le nom d'amis de la fortune et servent plutôt Dieu par un principe de cupidité que par un mouvement de la grâce. Pour être véritable et sincère, l'amour, suivant saint Augustin, doit être gratuit, c'est-à-dire qu'il doit rechercher son objet pour lui-même. Ce n'est donc point parce que Dieu nous donne des marques de son amour en nous faisant du bien qu'il faut l'aimer, mais parce qu'il mérite, quoi qu'il fasse, d'être aimé par-dessus toutes choses. Car la vérité nous dit elle-même que, si nous n'aimons que ceux qui nous aiment, nous n'en recevrons aucune récompense... Tel est cependant l'égarement de presque tous les chrétiens qu'ils ne rougissent pas d'avouer que si Dieu ne leur promettait aucune récompense, dès lors ils cesseraient de l'aimer. Humiliant aveu! Conduite mercenaire! » ABÉLARD, *Expositio in epist. Pauli ad Romanos*. — Cette doctrine fut vivement combattue par HUGUES DE SAINT-VICTOR. *De sacramentis*, II, 8.

humaine est la méditation de la grandeur divine. Bien loin de railler cette théorie comme une inconséquence inexcusable, nous croyons qu'elle se rattache parfaitement aux principes posés par Épicure et qu'elle lui fait honneur.

CHAPITRE VIII

MORALE.

La morale est la partie la plus considérable du système d'Épicure; c'est elle qui lui attira le plus grand nombre de disciples, c'est elle qui est la plus célèbre et le plus souvent discutée; c'est à elle qu'il attachait lui-même la plus grande importance, car il n'accordait son attention aux autres sciences, nous l'avons vu, que dans la mesure où elles sont nécessaires pour l'établissement de l'éthique.

Puisque l'homme n'est pas un être à part, distinct de tous les autres, il doit obéir comme eux à la loi commune ; les tentatives qu'il fait pour s'y soustraire sont des folies et ne peuvent aboutir; c'est au contraire une règle très simple et très claire que de vivre conformément à la nature.

La question que se pose Épicure est : quelle est la fin de la vie? ce en vue de quoi toutes choses sont recherchées et ce qui n'est recherché en vue d'autre chose; il avait écrit un traité περὶ τέλους. Toutes nos actions tendent à nous procurer quelque bien ou à nous éviter quelque mal. Qu'est-ce donc que le bien et le mal? Sur ce point encore la nature nous instruit clairement : le bien, c'est le plaisir ; le mal, c'est la douleur : τὴν ἡδονὴν λέγομεν ἀρχὴν καὶ τέλος εἶναι τοῦ μακαρίως ζῆν... πρῶτον ἀγαθὸν τοῦτο καὶ σύμφυτον... πᾶσα οὖν ἡδονὴ ἀγαθόν... καθάπερ καὶ ἀλγηδὼν πᾶσα κακόν[1]. Il ne manque pas d'hommes qui soutiennent une autre doctrine ; ils sont dans l'erreur, ils sont égarés par leurs passions ou bien ils mentent par orgueil. Considérons donc les animaux qui ne sont pas entraînés par de telles influences (ἀδιάστροφα) et chez qui la nature parle toute seule : nous les voyons poursuivre constamment le plaisir et fuir la douleur, φυσικῶς καὶ χωρὶς λόγου : *Negat opus esse ratione neque disputatione... sentiri hæc putat*[2]. Αἴσθησιν δεῖ ἔχειν καὶ σάρκινον εἶναι, καὶ φανεῖται ἡδονὴ ἀγαθόν, il suffit d'avoir des sens et d'être de chair, et le plaisir apparaîtra comme un bien[3] ; en morale comme en philosophie naturelle, Épicure est strictement empiriste ; il ne connaît pas d'autre autorité que celle de l'expérience. Ce que les animaux font instinctivement, les hommes le doivent faire en connaissance de cause. Toutes les fois que nous recherchons une chose, c'est que nous en espé-

---

1. Diogène Laerce, X, 128, 129.
2. Cicéron, *De finibus*, I, ix, 30.
3. Plutarque, *Adv. Colot.*, XXVII.

rons quelque plaisir; toutes les fois que nous fuyons une chose, c'est que nous croyons qu'elle nous apportera quelque douleur. Les Stoïciens eux-mêmes le reconnaissent : *Vivere omnes beate volunt*[1].

La théorie d'Épicure c'est donc la morale du plaisir ou plus exactement du bonheur. Ce qui lui a fait grand tort, c'est qu'on l'a étudiée surtout chez les écrivains latins qui l'ont discutée ; or ces écrivains emploient pour désigner le souverain bien, selon Épicure, le mot *voluptas*, qui n'en est pas l'équivalent exact ; de là les fréquentes récriminations des Épicuriens contre la grossièreté de la langue latine, récriminations qui fâchent Cicéron. (*soleo subirasci*)[2]. Du latin vient le français volupté, auquel nous attachons un sens assez bas ; l'expression *jucundus sensus*, que nous trouvons dans Lucrèce, est plus juste. On confond la théorie d'Épicure avec celle d'Aristippe de Cyrène, dont il se sépare sur un grand nombre de points des plus importants. Ce qu'il recherche surtout, c'est la sérénité, l'égalité d'humeur, εὐθυμία; il met τὸ χαίρειν au-dessus de τὸ ἥδεσθαι[3]. On rattache encore cette

1. SÉNÈQUE, *De vita beata*, 1.
2. CICÉRON, *De fin.*, II, IV, 12.
3. C'est ce que pense Bain : « This last phrase would have expressed what Epicurus aimed at, neither more nor less. It would at least have preserved his theory from much mispla-

morale au système de l'intérêt; il s'en faut bien, à notre avis, que ce rapprochement soit exact : il y a très loin des conseils de prudence que donne Épicure aux règles de l'utilitarisme et de la μετρική τέχνη des Grecs à l'arithmétique des plaisirs de Bentham; ils ne se placent pas au même point de vue et n'ont pas la même manière d'apprécier les choses. La théorie épicurienne n'a pas à beaucoup près la valeur scientifique du système des utilitaristes anglais, mais elle est mieux d'accord avec les données immédiates de l'expérience et fait plus de place aux sentiments réellement éprouvés par les hommes.

Tout plaisir est un bien, toute douleur est un mal, πᾶσα οὖν ἡδονὴ διὰ τὸ ἔχειν φύσιν οἰκείαν ἀγαθόν... οὐδεμία ἡδονὴ καθ' ἑαυτὴν κακόν[1]. Il n'y a pas d'autre bien que le plaisir, d'autre mal que la douleur; ce sont là des principes que l'expérience de chaque jour ne nous permet pas de révoquer en doute. N'allez pas en conclure qu'il faut rechercher tout plaisir et fuir toute douleur. C'est ce qu'enseignait Aristippe, mais c'est une erreur funeste; la poursuite ardente, impatiente du

---

ced sarcasm and aggressive rhetoric. » A. BAIN, *Mental and moral science*, vol. II, part. II, p. 535. — GROTE, *Aristotle*, t. II, app. V, p. 439.

1. DIOGÈNE LAËRCE, X, 129, 141.

plaisir a précipité bien des gens dans le malheur. L'expérience de chaque jour nous montre combien les excès de tout genre sont nuisibles à la santé. Si l'on s'applique à développer la sensibilité de façon à savourer délicatement les moindres nuances du plaisir, par là même on en vient à souffrir cruellement des plus légères douleurs. La vivacité de nos souffrances tient souvent à ce que nous les redoublons, les exaspérons en y faisant attention et par nos plaintes, tandis que nous pouvons n'y pas penser en fixant ailleurs notre esprit. Beaucoup de plaisirs peu intenses et surtout éphémères entraînent à leur suite des douleurs cuisantes et prolongées, tandis que des douleurs relativement légères et de peu de durée sont la condition de plaisirs plus vifs et plus durables : ἀλγηδὼν πᾶσα κακόν, οὐ πᾶσα δὲ φευκτὴ ἀεί ... χρώμεθα τῷ μὲν ἀγαθῷ κατὰ τινὰς χρόνους ὡς κακῷ, τῷ δὲ κακῷ τοὔμπαλιν ὡς ἀγαθῷ[1]. Il ne faut donc pas agir à la légère ; il faut réfléchir et calculer : τῇ μέντοι συμμετρήσει καὶ συμφερόντων καὶ ἀσυμφόρων βλέψει ταῦτα πάντα κρίνειν καθήκει[2]. La prudence ou sagesse, φρόνησις, est la première des vertus, elle nous enseigne le moyen d'obtenir la plus grande somme de plaisir avec la plus petite quantité de douleur possible : διὸ καὶ φιλοσοφίας τὸ

1. DIOGÈNE LAERCE, X, 129, 130.
2. DIOGÈNE LAERCE, X, 130.

τιμιώτερον ὑπάρχει ἡ φρόνησις, ἐξ ἧς αἱ λοιπαὶ πᾶσαι πεφύκασιν ἀρεταί [1]. C'est l'art de vivre, *ars vivendi* [2] ; son premier fruit est la tempérance, σωφροσύνη, car la sagesse parfaite, σοφία, est un privilège réservé aux dieux. La doctrine d'Épicure rappelle de très près la définition donnée par Aristote : φρόνησις δ' ἐστὶν ἀρετὴ διανοίας, καθ' ἣν εὖ βουλεύεσθαι δύνανται περὶ ἀγαθῶν καὶ κακῶν τῶν εἰρημένων εἰς εὐδαιμονίαν [3]. Pour le Stagirite aussi lui la φρόνησις est une ἕξις, ἕξις ἀληθὴς μετὰ λόγου πρακτικὴ περὶ τὰ ἀνθρώπῳ ἀγαθὰ καὶ κακά [4]. C'est un bien solide et durable : comme elle ne nous est pas apportée par les circonstances extérieures, elle ne peut non plus nous être ravie. Elle règle le cours entier de la vie et en embrasse l'ensemble, διοικεῖ τὸν ὅλον βίον, τὸν συνεχῆ χρόνον τοῦ βίου.

Il ne faut pas se soucier uniquement du présent, mais encore songer au futur. Sur ce point même il y a une mesure que la raison commande de ne pas oublier. Certains hommes se privent de tout, se refusent tout, afin de se préparer un meilleur avenir; ils ont tort, car l'avenir ne nous appartient pas, nous ne savons si nous n'allons pas mourir à l'instant et si par conséquent nous

---

1. Diogène Laerce, X, 132, 144, 145.
2. Cicéron, *De fin.*, I, xiii, 42.
3. Aristote, *Rhétorique*, I, ix, 1366 b. 20.
4. Aristote, *Eth. Nic.*, VI, v, 1140 b. 4.

ne serons jamais à même de jouir des biens que nous aurons préparés au prix de tant de souffrances. Le sage ne négligera pas le soin de ses affaires, mais il ne se laissera pas absorber par elles. Il faut être philosophe à tout âge; il n'est jamais ni trop tôt ni trop tard, car il n'est jamais ni trop tôt ni trop tard pour être heureux [1]. Épicure rejette les paradoxes des Stoïciens : la vertu est une, on a toutes les vertus ou on n'en a pas du tout, les fautes sont égales. Contentons-nous d'être des hommes pleinement hommes : vouloir s'élever plus haut, agir mieux, c'est une ambition non moins funeste qu'insensée. Le sage, d'après lui, n'est pas insensible : il souffre de la douleur et s'afflige de la perte de ses amis.

Il condamne formellement l'hypocrisie. Nous ne saurions prendre trop de précautions pour bien juger des choses qu'il convient de fuir ou de rechercher; n'ayons pas trop de confiance dans notre propre esprit, que tant de causes d'erreur peuvent égarer; il faut choisir un homme de bien, l'avoir sans cesse devant les yeux, de manière à vivre comme en sa présence, se demander quel

---

1. Diogène Laërce, X, 122. — Cf. Horace, *Épîtres*, I, 1, 23 :

Sic mihi tarda fluunt ingrataque tempora quæ rem
Consiliumque morantur agendi gnaviter id quod
Æque pauperibus prodest, locupletibus æque,
Æque neglectum pueris senibusque nocebit.

jugement il porterait sur les événements et sur nos déterminations.

Il faut se garder soigneusement de toutes les passions, qui sont nos ennemis les plus dangereux : l'orgueil et le mépris des autres provoquent la haine et la jalousie ; la colère est une véritable folie ; elle nous emporte à des paroles, à des actes que tôt ou tard nous regretterons amèrement, elle nous suscite des ennemis implacables ; elle nous expose à de terribles vengeances. Quant à l'intempérance, les suites en sont longues et cruelles ; elle aboutit tantôt à des maladies douloureuses et incurables, tantôt à une mort prématurée. Le courage et la constance sont les suites naturelles de la sagesse plutôt que des vertus à part. Les hommes qui s'abandonnent à leurs passions attachent le plus grand prix aux objets nécessaires pour leur satisfaction et ont sans cesse lieu de craindre de les perdre ; de plus ils sont en proie à toutes sortes de terreurs superstitieuses, à la peur des dieux et de la mort : « Si les plaisirs que recherchent les débauchés pouvaient les mettre à l'abri de toutes les douleurs et des craintes de la mort et des dieux, nous n'aurions pas lieu de les blâmer[1]. » Pour désigner cette condition de

---

1. Diogène Laerce, X, 142.

l'âme tourmentée par des craintes continuelles, Épicure emploie souvent le mot χειμών; sa doctrine est au contraire un apaisement, γαληνισμός.

Parmi les plaisirs, Épicure établit plusieurs distinctions intéressantes; ses remarques à ce sujet, il faut bien le reconnaître, ne sont pas seulement justes, elles témoignent d'une grande pénétration. C'est d'abord la distinction du plaisir en mouvement (ἡδονὴ ἐν κινήσει) et du plaisir en repos (ἡδονὴ ἐν στάσει, καταστηματικὴ ἡδονή). Aristippe définissait le plaisir un mouvement doux, la peine un mouvement rude; Épicure condamne tout plaisir qui résulte d'un mouvement. Le sens de l'opposition qu'il propose est facile à expliquer : beaucoup de plaisirs sont dus à la satisfaction d'un désir; la préexistence de ce désir en est donc la condition et ils sont d'autant plus intenses que le désir est plus vif; le plaisir est donc dans la transition d'un état à un autre, dans un mouvement. Ces plaisirs produisent une violente agitation de notre âme et, si nous y regardons de près, nous constatons qu'ils sont moins une cause de bonheur que de malheur; sans compter que, ainsi que l'avait déjà montré Platon, ils supposent comme condition l'existence préalable d'un désir, d'un besoin, d'un manque, c'est-à-dire d'une souffrance. Tout autres sont les plaisirs en repos, qui consistent dans une jouissance calme de la situation où nous sommes, sans aspirer à autre chose[1]; ce sont des plaisirs constitutifs : « Il n'y a pas, dit Épicure, de condition où le sage ne puisse se trouver heureux, même s'il est aveugle ou sourd, privé de tel ou tel membre. » Malgré les démentis que l'expérience semble lui donner trop souvent, il ne veut pas se départir de son optimisme.

Il soutient ensuite que la diminution ou la cessation de la douleur constitue par elle-même un plaisir, ὅρος τοῦ μεγέθους τῶν ἡδονῶν ἡ παντὸς τοῦ ἀλγοῦντος ὑπεξαίρεσις[2]; tous les psychologues en con-

---

[1]. A propos de cette doctrine M. Fouillée rappelle ingénieusement la théorie développée par beaucoup de psychologues contemporains et particulièrement par Bain (The emotions and the Will) : « Un grand nombre de nos plaisirs, disent-ils, sont dus au rapport que l'émotion actuelle présente avec les émotions simultanées ou antérieures (emotions of relativity). c'est-à-dire à un changement, à un mouvement. Ces plaisirs sont rapidement émoussés par l'habitude et la satiété; aux blasés il faut toujours du nouveau; leurs goûts deviennent de plus en plus bizarres et quelquefois criminels (sadisme). »

[2]. Diogène Laerce, X, 139. — Cf. ce que dit Socrate dans le *Phédon*. — Montaigne, *Essais*, l. II, ch. xii : Notre bien-être ce n'est que la privation d'être mal. Voilà pourquoi la secte de philosophie qui a le plus fait valoir la volupté et l'a montée à son plus haut prix encore l'a-t-elle rangée à la seule indolence. Le n'avoir point de mal c'est le plus heureux bien-être que l'homme puisse espérer : car ce même chatouille-

viennent volontiers, mais ils ajoutent que réciproquement la diminution et la cessation du plaisir sont des causes de douleur, ce dont Épicure se garde bien de parler. Dès que la douleur est chassée, que le besoin est satisfait, le plaisir peut être varié, pas augmenté, puisqu'il y a plénitude : *quo enim crescat quod plenum sit*[1]. Encore faudrait-il nous dire si le plaisir en repos est produit par la cessation ou simplement par l'absence de la douleur. Cicéron n'a pas tout à fait tort de dire que sur ce point essentiel la théorie d'Épicure manque de précision. Les Cyrénaïques admettaient qu'entre la douleur et le plaisir il y a un état neutre; Épicure le nie expressément; pour lui il n'y a pas de milieu. Le bonheur est comme la santé de l'âme : du moment que nous nous portons bien, nous n'avons rien à demander de plus. Les partisans d'Aristippe prétendaient que cette condition n'est pas suffisante : la cessation de la douleur produit tout simplement la non-jouissance,

---

ment et aiguisement qui se rencontre en certains plaisirs et semble nous enlever au-dessus de la santé simple et de l'indolence, cette volupté active, mouvante et je ne sais comment cuisante et mordante, celle-là même ne vise qu'à l'indolence comme à son but. Je dis donc que, si la simplesse nous achemine à point n'avoir de mal, elle nous achemine à un très heureux état selon notre condition.

1. SÉNÈQUE, *Lettres*, 66. — GASSENDI.

c'est-à-dire le vide. C'est aussi l'avis de M. Ravaisson [1] : « Le mot de la sagesse, l'art de vivre, d'après Épicure, c'est d'arriver à ne plus rien sentir... L'Épicurisme met le souverain bien dans l'absolue impassibilité, une abstraction, une négation, un rien. » Épicure enseignait au contraire que dès qu'il y a absence de peine il y a présence de plaisir : *In omni re doloris amotio successionem efficit voluptatis* [2]. La santé du corps, l'absence de peine et de trouble, ἀπονία καὶ ἀταραξία, ἀοχλησία, il ne nous faut rien de plus [3] : ὅταν λέγωμεν ἡδονὴν τέλος ὑπάρχειν, οὐ τὰς τῶν ἀσώτων ἡδονὰς καὶ τὰς ἐν ἀπολαύσει κειμένας λέγομεν, ἀλλὰ τὸ μὴ ἀλγεῖν κατὰ σῶμα μήτε ταράττεσθαι κατὰ ψυχὴν συνείροντες [4]. C'est là le seul plaisir vraiment profond, constitutif : ὅταν μὴ ἀλγῶμεν, οὐκέτι τῆς ἡδονῆς δεόμεθα [5]. Pour qu'il y ait douleur, il faut l'intervention d'une cause positive; le plaisir qui résulte de la santé du corps et de l'âme, de la satisfaction de tous les besoins naturels n'en a-t-il pas une? Et il me semble qu'Épi-

1. F. Ravaisson, *Métaphysique d'Aristote,* II, 105, 116.
2. Cicéron, *De finibus*, I, xi, 37.
3. Lucrèce, II, 16 : ...

...Nonne videre est
Nil aliud sibi naturam latrare, nisi ut cui
Corpore sejunctus dolor absit, menti fruatur
Jucundo sensu, cura semota metuque.

4. Diogène Laerce, X, 131.
5. Diogène Laerce, X, 139.

cure est *très grec* par cet endroit, son idée est celle-ci : établissez la nature dans l'harmonie; et le bonheur en jaillira comme une fleur de sa tige. Pourquoi l'effort? La nature est bien faite; il suffit que l'ordre n'en soit pas troublé, pour qu'elle donne son fruit de joie. Épicure croit donc que les plaisirs ne diffèrent pas en quantité, mais seulement par la qualité, μὴ διαφέρειν ἡδονὴν ἡδονῆς, μηδὲ ἡδίον τι εἶναι... οὐκ ἐπαύξεται ἡδονὴ ἐν τῇ σαρκί, ἐπειδὰν ἅπαξ τὸ κατ᾽ ἔνδειαν ἀλγοῦν ἐξαιρεθῇ, ἀλλὰ μόνον ποικίλλεται [1]. Plutarque montre par l'exemple des oiseaux et de tous les animaux que la cessation de la douleur n'est pas le plus grand bonheur, qu'au-dessus de ce que nous appelons le plaisir négatif il y a des plaisirs positifs qui ont pour nous bien plus de charmes [2]. Les psychologues modernes discu-

1. Diogène Laerce, X, 144.
2. Plutarque, *Non posse suav. vivi*, VII, 8 : « C'est la joie d'esclaves délivrés des fers et du cachot qui ressentent, après les coups et le fouet, la douceur de s'oindre et de se baigner, mais qui n'ont jamais connu ni goûté une joie libre, pure et sans mélange. Mais parmi les animaux eux-mêmes, les plus nobles et les plus délicatement organisés connaissent d'autres plaisirs que d'échapper à la douleur. Rassasiés et leurs besoins satisfaits, c'est alors qu'ils se plaisent à chanter, à nager, à voltiger, à se jouer entre eux. Le mal évité, ils cherchent encore le bien ; ou plutôt, s'ils ont éloigné d'eux ce qui leur était douloureux et étranger, c'est comme autant d'obstacles qui les empêchaient de poursuivre ce qui leur est le plus proche et la meilleure partie de leur nature ». — Cf. *Adv. Coloten.*

tent encore la question de l'existence d'états neutres. Sans doute au point de vue théorique cela ne fait pas difficulté : si l'on admet que les plaisirs et les douleurs forment comme une échelle, en la remontant ou en la descendant nous devons nécessairement passer par le point zéro; mais il ne sert de rien de raisonner dans l'abstrait; il s'agit de faits réels sur lesquels l'expérience ne donne point de réponse suffisamment claire et décisive. Selon l'heureuse expression de M. Guyau, le sage épicurien ne se réjouit pas, il jouit.

Notre philosophe se laisse même entraîner à des affirmations qui paraissent singulièrement paradoxales : « Si la douleur est violente, dit-il, elle dure peu; si elle se prolonge, elle produit l'engourdissement, l'insensibilité ou bien elle ne manque pas d'apporter certains plaisirs que nous ne connaîtrions pas sans elle; dans tous les cas, l'accoutumance nous la rend supportable » : πᾶσα ἀλγηδὼν εὐκαταφρόνητος, ἡ γὰρ σύντονον ἔχουσα τὸ πονοῦν σύντομον ἔχει τὸν χρόνον, ἡ δὲ χρονίζουσα περὶ τὴν σάρκα ἀβληχρὸν ἔχει τὸν πόνον[1]. Il y a là une double antithèse évidemment recherchée, σύντονον et σύντομον, χρόνον et πόνον. L'optimisme d'Épicure ne se laisse

---

[1]. H. Usener et M. Gomperz, *Epikurische Spruchsammlung entdeckt und mitgetheilt* von D. K. Wotke (H. Weill, *Journal des Savants*, novembre 1888).

jamais déconcerter; il croit avoir déterminé la nature du souverain bien de telle manière que nous pouvons y parvenir et si certains faits paraissent lui infliger un démenti, il trouve plus simple de les nier que de les discuter. Mais, dirons-nous, si dans l'appréciation de la douleur nous tenons si grand compte de la durée, ne devons-nous pas juger de même du plaisir? Or Épicure a plusieurs fois soutenu le contraire : *Non majorem voluptatem ex infinito tempore ætatis percipi posse quam ex hoc percipiatur quod videamus esse finitum*[1]. Puis, lorsqu'il s'agit du bonheur des dieux, le même maître dit qu'il l'emporte sur le bonheur des hommes parce qu'il est plus durable.

N'y a-t-il pas cependant des situations épouvantablement douloureuses qui ne comportent aucun soulagement et dont nous ne pouvons espérer la fin? Nous avons du moins une ressource, la mort : si la vie nous est devenue intolérable, il ne dépend que de nous d'en sortir comme d'une chambre remplie de fumée et dont l'air est irrespirable, ou d'un théâtre où nous ne pouvons entendre la pièce jusqu'à la fin : « *Si tolerabiles sint dolores, feramus; sin minus, æquo animo e vita, cum ea non placeat, tanquam e theatro,*

---

1. Cicéron, *De finibus*. I, xix, 63.

exeamus[1]. C'est ainsi que nous pouvons nous soustraire aux prises du sort : *Malum est in necessitate vivere, sed in necessitate vivere necessitas nulla est*[2]. Épicure admet donc le suicide ; il reconnaît que parfois c'est un acte raisonnable et sage ; mais il ne le recommande pas, comme les Stoïciens : cette situation cruelle dont nous ne pouvons sortir c'est souvent par notre faute, par notre folie que nous nous y sommes engagé ; par conséquent la raison ne peut approuver notre conduite : *Ridiculum est currere ad mortem tædio vitæ, cum genere vitæ ut currendum esset ad mortem effeceris*[3]. La mort n'est pas un bien en soi, mais ce n'est pas non plus un mal. Quant à la vie, dans certaines circonstances elle devient un mal ; il est donc évident que dans l'alternative du malheur et du néant, le néant est préférable. Nous ne devons pas estimer que la vie soit un bien si grand qu'il faille la conserver à tout prix, ni la mépriser au point de la sacrifier sans raison. Cette conclusion elle-même est optimiste : la vie est un bien, puisque nous avons la ressource du suicide, quand elle devient un mal.

Une autre distinction très importante est celle

1. Cicéron, *De finibus*, I, xv, 49.
2. Sénèque, *Lettres*, XII, 10.
3. Sénèque, *Lettres*, XXIV, 22.

des plaisirs du corps et des plaisirs de l'esprit. Épicure paraît avoir le premier employé le mot σάρξ pour désigner le corps par opposition à l'esprit, car pour lui σῶμα c'est l'être humain tout entier, corps et âme. Sans doute on peut regretter qu'Épicure n'ait pas mieux su tirer parti de cette distinction; il a incontestablement le mérite d'avoir posé en principe que les plaisirs de l'esprit sont supérieurs aux plaisirs du corps et d'un autre ordre. A quoi devait-il réduire cette opposition, lui qui soutenait que l'âme n'est pas d'une autre nature que le corps? Ainsi, d'après la plupart des textes, il n'y a pas entre les plaisirs d'autres différences que des différences d'intensité; mais parfois Épicure, nous venons de le voir, semble attribuer plus d'importance à des différences de qualité.

Il ne dit pas bien clairement ce qu'il entend par les plaisirs de l'esprit; il ne semble pas avoir compris le genre spécial de jouissances délicates que nous apportent les sciences non plus que les arts; un certain nombre d'hommes de goût en feront au contraire ressortir l'intérêt. Cette méconnaissance de la valeur des plaisirs esthétiques nous étonne de la part d'un Grec[1]. La rhétorique, dit-il,

---

1. Plutarque, *Non posse vivi*, XIII : « Le sage aime les spectacles publics, mais il ne veut pas qu'on discute même à table des problèmes de musique ou des questions littéraires. Il con-

fournit des armes dangereuses aux ambitions politiques. Il est surtout sévère dans les jugements qu'il porte sur la musique et sur la poésie : la musique excite les passions, elle redouble nos douleurs par les plaintes pathétiques qu'elle exhale, elle provoque à la volupté et à la recherche des jouissances sensuelles ; quant à la poésie, elle propage toutes sortes de mensonges et de superstitions. Il n'examine pas s'il y a une poésie et une musique autres que celles qu'il condamne, il ne voit pas que les arts nous procurent un grand nombre de jouissances très vives, qu'ils apportent un soulagement efficace dans la souffrance, une consolation dans le malheur et qu'ils contribuent puissamment au bonheur de l'humanité.

Épicure assigne pour cause aux plaisirs de l'esprit le souvenir des plaisirs du corps ; il n'y aurait donc entre les deux qu'une différence de durée : le plaisir du corps ne subsiste qu'autant que se prolonge l'action d'un objet extérieur sur nos organes, le chatouillement de la chair ; il cesse aussitôt ; mais le souvenir en reste dans notre mémoire et peut se prolonger indéfiniment. De même, grâce

seille aux princes qui ont du goût pour les lettres de se faire plutôt conter des récits de batailles et des histoires bouffonnes que de s'entretenir de poésie et de musique. » — Voir C. BÉNARD, *L'esthétique d'Aristote et de ses successeurs*, 1889.

à l'expérience, nous pouvons prévoir l'avenir et goûter par avance les plaisirs qu'il nous réserve. Nous jouissons donc non seulement du présent, mais aussi du passé et de l'avenir[1], car les plaisirs dus à la mémoire et à l'imagination n'ont pas moins de vivacité que les plaisirs des sens et ces jouissances, que tant de gens accusent d'être illusoires, ne nous enchantent pas moins que les jouissances réelles. Ainsi, tandis que les plaisirs du corps ne peuvent nous procurer qu'une jouissance momentanée, l'intelligence peut assurer le bonheur de toute la vie. Le grand avantage des biens passés, dont nous gardons le souvenir, c'est que nous ne craignons plus de les perdre : *certior nulla voluptas quam quæ jam eripi non potest*[2]. Ne venez pas nous dire que la mémoire et l'imagination peuvent être aussi la source d'un grand nombre de douleurs cruelles, que le souvenir des maux passés et la prévision des malheurs que nous prépare l'avenir peuvent empoisonner notre bonheur présent, que le souvenir des biens que nous avons perdus nous cause d'amers regrets et nous fait trouver dure notre position actuelle, quelle qu'elle soit. Sans doute c'est là ce qui arrive à la plupart des hommes ; nous avons signalé les ravages qu'exerce

---

1. Diogène Laerce, X. 137.
2. Sénèque, *De benef.*, III. iv, 1.

la crainte de la mort et des dieux. Mais ceux qui sont malheureux de la sorte ne le sont que par leur faute ; ils ne doivent s'en prendre qu'à eux-mêmes. Puisqu'il n'est pas un seul instant où nous ne puissions être atteint par quelque malheur, si nous pensons sans cesse aux maux futurs et possibles, nous n'aurons pas un instant de repos et de joie. Il dépend de nous de diriger notre esprit, nous avons sur lui un empire immédiat ; c'est là une application remarquable du dogme de la liberté qui, nous l'avons dit, tient une grande place dans la philosophie d'Épicure ; notre philosophe ne doute pas que cette puissance ne soit capable de triompher de tous les obstacles que lui opposent les circonstances extérieures. En vain lui objectera-t-on qu'il ne dépend pas de nous de nous procurer les richesses, d'éviter les maladies, les accidents, les persécutions injustes ; qu'importe? le principal est que nous soyons toujours les maîtres de fixer notre attention, de renouveler, de prolonger les plaisirs passés, d'oublier dans le souvenir des biens d'autrefois nos misères actuelles[1]. Sans doute ce plaisir

---

[1]. « Pour être heureux, il suffit de croire qu'on l'est. Or on peut croire ce que l'on veut, tout jugement étant toujours un acte de volonté. Donc le bonheur est toujours à la portée du sage. Et ce bonheur volontairement suscité à l'occasion d'une image peut être plus fort que la sensation douloureuse. » V. Brochard, *Année philosophique*, 1903.

de l'âme est, comme nous disons aujourd'hui, une auto-suggestion; mais ce n'est pas une duperie, car la sagesse, la connaissance exacte des lois du monde, de la liberté de l'homme et de la nature des dieux nous fait comprendre qu'il ne faut ni nous laisser effrayer par des présages sinistres, ni nous décourager, en croyant à une destinée fatale, εἱμαρμένη. Si nous comprenons l'ordre admirable qui règne dans l'univers, nous ne serons surpris par aucun accident, nous applaudirons à ce qui arrive, *sapienti plus semper adesse quod velit, quam quod nolit*[1]. Ainsi se faire l'esclave de la sagesse c'est être vraiment libre. Le sage ne s'étonne de rien[2], ne se prend à rien, ne s'éprend de rien, se fait aussi petit que possible pour ne laisser aucune prise à la douleur et aux coups de la fortune. Il distingue ce qui est possible et ce qui est impossible; il ne se tourmente pas de la pensée des maux futurs : peut-être ne viendront-ils pas et, s'ils viennent, il sera temps d'en souffrir; il ne se leurre pas de vaines espérances, qui lui prépareraient d'amères désillusions; il envisage le présent et l'avenir avec sang-froid. Il n'oublie pas que l'avenir dépend en partie de nous, mais en partie

---

1. Cicéron, *De finibus*, V, XXI, 93.
2. « Nil admirari », Horace.

seulement, de sorte qu'il ne compte pas sur les événements comme devant se produire nécessairement et ne désespère pas du futur, comme irrévocablement arrêté : μνημονευτέον δ' ὡς τὸ μέλλον οὔθ' ἡμέτερον οὔτε πάντως οὐχ ἡμέτερον, ἵνα μή τε πάντως προσμένωμεν ὡς ἐσόμενον, μήτ' ἀνελπίζωμεν ὡς πάντως οὐκ ἐσόμενον[1]. Au-dessus de tous les plaisirs du corps il met la santé de l'esprit, le jugement droit, νήφων λογισμός, qui rejette les erreurs et découvre les vraies raisons des choses. De plus il est patient : il ne supporte pas seulement les coups de la fortune, mais il est indulgent pour les injures des hommes, entraînés par leurs passions, pour les propos injustes, pour les condamnations iniques. Encore un point sur lequel Épicure se laissait entraîner à de fâcheuses exagérations : le sage sur le bûcher ou dans le taureau de Phalaris s'écriera en souriant : « O dieux ! que c'est doux ! » Mais c'est aux grands maux qu'il faut les grands remèdes; les grands maux, comme le taureau de Phalaris, sont rares et exceptionnels.

Épicure avait peut-être tort de généraliser cette théorie; en tout cas, il éprouvait lui-même l'excellence de sa méthode; sa vie n'a jamais démenti ses paroles. La lettre qu'il écrivait à un

---

1. Diogène Laerce, X, 127.

ami le jour même de sa mort nous montre que, loin d'être tourmenté du regret du passé, il trouvait dans le souvenir des biens dont il avait joui non seulement la consolation de ses maux présents, mais le courage de supporter d'épouvantables souffrances.

Enfin puisque le plaisir et la douleur ont pour cause la satisfaction accordée ou refusée à un désir, il faut bien se garder de ranger tous les désirs sur la même ligne : il y en a de naturels et nécessaires (comme le besoin de boire et de manger), de naturels mais non nécessaires (comme le désir de faire bonne chère, d'être couché mollement, de se vêtir chaudement en hiver et légèrement en été), d'autres enfin ne sont ni naturels ni nécessaires (comme le goût des richesses, des bijoux, des honneurs, de la puissance, des couronnes, des statues). Cicéron critique cette classification[1] : il faudrait, dit-il, distinguer d'abord deux classes, les désirs naturels et les désirs non naturels ; puis subdiviser la première classe en deux espèces, les désirs nécessaires et les désirs non nécessaires. C'est là une misérable chicane et, à notre avis, Épicure avait raison contre ses adversaires. De quel droit prétend-on ériger la

---

1. Cicéron, *De finibus*, II, ix. 26.

dichotomie en méthode universelle ? Aucune autre ne peut-elle être également légitime ?

Tous les désirs, si nous n'y prenons garde, peuvent se développer, devenir impérieux et par conséquent donner naissance à de terribles souffrances. C'est à notre volonté de s'en rendre maîtresse. Il faut entièrement déraciner les inclinations du troisième groupe, puisqu'il n'y a en elles rien de naturel, c'est-à-dire rien que la raison puisse approuver; les biens qu'elles nous apportent ne sont pas de vrais biens; si nous les regardons comme tels, c'est que nous nous asservissons à l'opinion commune, que nous faisons plus de cas du jugement d'autrui que de notre propre expérience. παρὰ κενὴν δόξαν αὗται γίνονται καὶ οὐ παρὰ τὴν ἑαυτῶν φύσιν διαχέονται, ἀλλὰ παρὰ τὴν τοῦ ἀνθρώπου κενοδοξίαν[1]. Pour nous procurer ces avantages il faut nous engager dans toutes sortes de travaux pénibles; enfin les passions attirent sur notre tête des maux dont le nombre et la grandeur l'emportent sur les biens que nous en pouvons attendre. Nous avons chaque jour sous les yeux l'exemple des calamités qu'entraînent à leur suite l'avarice, l'ambition, la vanité : faut-il chercher ailleurs la cause de tant de vols, d'assassinats, de

---

1. DIOGÈNE LAERCE, X, 149.

vengeances, de crimes contre la reconnaissance et même contre la piété filiale, d'attentats soit contre les particuliers, soit contre les princes et les lois de la cité? Non seulement chaque passion trouble le calme de notre vie et nous précipite dans des agitations sans fin, mais les passions entrent en lutte les unes contre les autres et se livrent des combats furieux. Tout comme les individus, elles ruinent les familles et les nations; ce sont elles qui causent les discordes, les séditions, les guerres.

Est-il rien de plus insensé que l'amour de la gloire à laquelle tant d'hommes sacrifient tous les autres biens et même leur vie? On admire communément ceux que la carrière des armes enflamme d'une passion ardente; mais qu'est-ce que la gloire à laquelle ils peuvent parvenir (et que souvent ils n'obtiennent pas) en comparaison des dangers auxquels ils sont exposés sans cesse, la faim, la soif, le froid, le chaud, les blessures, l'esclavage? Que nous importe ce que pensent de nous des hommes à qui nous n'aurons jamais affaire? Quel bien est-ce pour nous de laisser un nom impérissable, puisque nous devons périr nous-mêmes et n'avoir plus aucun sentiment? Il y a cependant une véritable gloire qui consiste dans l'estime et la reconnaissance de nos contemporains et de la postérité ; nous ne pouvons l'acquérir que par la sagesse et la vertu ; ceux-là seuls en auront une part dont les sages auront fait l'éloge. Épicure écrivait à Idoménée, ministre du tyran de Lampsaque : « Si la gloire est votre mobile, mes lettres vous en donneront plus que ces grandeurs que vous encensez et qu'on encense en vous. » Et n'a-t-il pas dit vrai? qui connaîtrait Idoménée si son nom ne s'était rencontré dans les lettres d'Épicure[1]?

Quant au second groupe, il le faut surveiller attentivement : sans doute il est raisonnable de jouir des biens que nous possédons, de profiter des occasions qui s'offrent à nous de goûter quelque plaisir, mais il faut bien prendre garde de nous laisser asservir ; il ne faut faire aucun effort pénible pour nous procurer ce dont nous pouvons nous passer ; c'est à cette condition que nous ne souffrirons pas si nous en sommes privés ; il ne faut pas laisser naître en nous de nouveaux besoins.

Parmi les inclinations naturelles et non nécessaires Épicure range l'amour, la passion des femmes, l'appétit de la reproduction. C'est un instinct naturel, puisque nous l'observons chez

---

1. SÉNÈQUE, *Lettres*, XXI.

tous les animaux; mais nous le pouvons surmonter. Le sage sera insensible aux aiguillons de l'amour, lequel, dit Diogène l'Épicurien, n'est point envoyé du ciel sur la terre. Les plaisirs de cette passion ne furent jamais utiles; au contraire on est trop heureux lorsqu'ils n'entrainent pas après eux des suites qu'on aurait sujet de déplorer. Certains critiques vont jusqu'à reprocher à Épicure de n'avoir pas vu la nécessité de donner satisfaction dans une certaine mesure aux exigences de l'instinct sexuel, tandis que d'autres prétendent qu'il se livrait aux pires débauches. De même on l'a souvent accusé de gourmandise : Timocrate, frère de Métrodore, dit qu'il se faisait vomir deux fois par jour; on a fréquemment écrit que ses maladies étaient les suites de ses excès; toutes ces allégations ne méritent pas qu'on les discute. Il y a deux éléments qu'il importe de distinguer, les sentiments du cœur et le besoin physique; ce dernier, si nous ne le laissons pas s'accroître et s'enflammer par l'imagination, il est facile de le satisfaire sur le premier objet venu. Épicure entre même à ce sujet dans des détails qui nous paraissent manquer de délicatesse. Quant aux sentiments du cœur, il n'en reconnait pas la valeur et le charme : il ne parle pas des affections de la famille, de l'amour des mères pour leurs enfants.

Il insiste en revanche sur les maux de toute sorte qu'engendre la passion de l'amour pour les femmes et pour les beaux jeunes gens, surtout quand elle entraîne à l'adultère ou à l'amour des esclaves, qui dégrade l'homme libre : c'est une cause de ruine, de crimes, d'assassinats, de vengeances. Qu'il y a loin de cette théorie au langage de ceux que l'on continue d'appeler les épicuriens, surtout des auteurs du xviiie siècle ! Épicure n'a vu qu'un côté de la question ; ils ne voient que l'autre ; ils ne tarissent pas en éloges de l'amour, souvent éloquents ou poétiques ; ils décrivent complaisamment les plaisirs, tantôt délicieux, tantôt délicats, qu'il procure à l'homme ; ils soutiennent que c'est l'élément le plus essentiel du bonheur ; ils répètent que c'est le lien le plus charmant de la vie sociale. On sait avec quelle verve, avec quelle éloquence Lucrèce au contraire a développé ses invectives contre les femmes[1]. « L'épicurisme, dit M. Dugas[2], est la secte la plus prosaïque de l'antiquité. Il fait la guerre à l'imagination et au romanesque. Il ne faut pas croire, dit Épicure, que l'amour soit envoyé par les dieux, οὐδὲ θεόπεμπτον εἶναι τὸν ἔρωτα[3]. Il rejette

---

1. Lucrèce, IV, 1044-1184.
2. Dugas, *L'amitié antique*, p. 132.
3. Diogène Laerce, X, 118.

même le surnaturel humain, je veux dire les sublimités de la passion. »

Enfin il y a des besoins que nous ne pouvons négliger, des choses absolument nécessaires à la conservation de la vie et de la santé : ces besoins, dit Épicure, sont peu nombreux et il suffit de bien peu de chose pour les contenter : c'est un ragoût merveilleux que le pain et l'eau, lorsqu'on en trouve dans le temps de sa faim et de sa soif[1]. Celui qui vit conformément à la nature peut être heureux dans toutes les conditions : les choses qui sont indispensables sont à la portée de tous, εὐπόριστα, tandis que le superflu n'a pas de bornes, εἰς ἄπειρον ἐκπίπτει; mais ces choses rares et difficiles à acquérir, nous pouvons nous en passer. En réalité la nature fournit abondamment ce qui est nécessaire pour la satisfaction de nos besoins; si nous sommes ingrats envers elle, si nous méconnaissons sa générosité, c'est à cause de l'empire que prennent sur nous nos passions et de

---

1. Lucrèce, II, 14. — Athénée : « Mortels, pourquoi courez-vous après tout ce qui fait le sujet de vos peines? Vous êtes insatiables pour l'acquisition des richesses, vous les recherchez parmi les querelles et les combats, quoique néanmoins la nature les ait bornées et qu'elle soit contente de peu pour sa conservation; mais vos désirs n'ont point de bornes. Consultez sur cette matière le sage fils de Néoclès ; il n'eut d'autres maîtres que les Muses, ou le trépied d'Apollon. »

l'impatience avec laquelle nous nous efforçons de les contenter. Sénèque raconte dans ses lettres qu'Épicure s'était fixé certaines périodes pendant lesquelles il s'astreignait au jeûne et à la vie la plus austère, afin de se rendre compte par l'expérience de ce qui est absolument nécessaire et néanmoins suffisant pour produire un plaisir naturel ; nous ne savons si le témoignage de Sénèque repose sur des faits historiquement établis ou sur une légende formée après coup.

La pauvreté n'est pas un bien, mais elle n'est pas non plus un mal ; le meilleur moyen de jouir de la richesse, c'est de savoir être heureux avec une fortune médiocre [1]. Le sage ne peut méconnaître l'existence des besoins naturels ; il mènera à bien ses affaires, épargnera, amassera en vue de l'avenir et de la vieillesse (κτήσεως προσνοήσεσθαι καὶ τοῦ μέλλοντος) ; il fera en sorte de se suffire à lui-même et ne mendiera point comme le Cynique. Il pourra, s'il en a besoin, donner des leçons de philosophie, χρηματίσεσθαι ἀπὸ μόνης σοφίας ἀπορήσαντα [2]. Philodème rapporte qu'Épicure lui-même acceptait des présents de ses disciples. Selon la remarque ingénieuse de Bayle, ce qui nous rend heureux, ce n'est pas la

---

1. DIOGÈNE LAERCE, X, 130 : « Celui-là jouit le mieux des richesses qui sait le mieux s'en passer. »
2. DIOGÈNE LAERCE, X, 121.

richesse, le pouvoir, la gloire, c'est-à-dire une chose, mais l'adaptation à nos besoins ; les conditions du bonheur sont d'ordre formel, comme nous dirions aujourd'hui, plutôt que d'ordre matériel. Le bonheur consiste dans l'harmonie de tous les éléments, dans le parfait équilibre de toutes les fonctions de notre être physique et intellectuel, du système entier, τὸ ὅλον ἄθροισμα. Vivre de peu, voilà le premier précepte de la sagesse; l'opinion d'Épicure sur ce point nous est rapportée par un grand nombre de témoignages : πολλοὶ τοῦ πλούτου τυχόντες οὔτιν' ἀπαλλαγὴν τῶν κακῶν εὗρον ἀλλὰ μεταβολὴν μειζόνων [1]. — ᾧ ὀλίγον οὐχ ἱκανόν, τούτῳ γε οὐδὲν ἱκανόν [2]. — *Numquam parum est quod satis est et nunquam multum est quod satis non est* [3]. — La richesse n'est pas un mal, mais ce n'est pas non plus un bien que nous puissions envier et qui vaille la peine d'être recherché. De même la royauté n'est pas un mal en soi, mais le sage s'accommode tout aussi bien d'une condition privée.

Il y a donc bien loin de la véritable doctrine d'Épicure à la recherche de la volupté. « Quand je dis que le plaisir est la fin de la vie, je n'entends

---

1. PORPHYRE, *Ad Marcellam*, 28.
2. ÉLIEN, *Hist. var.*, IV, 13.
3. SÉNÈQUE, *Lettres*, CXIX, 7. — Cf. SÉNÈQUE, *lettre* XXI. CHAUVET, p. 55.

pas par là les voluptés des intempérants ni les jouissances sensuelles, comme le disent certains hommes qui ne connaissent pas ma doctrine, ou ne la comprennent pas, ou n'y restent pas fidèles, mais l'absence de toute douleur corporelle et de tout trouble de l'esprit [1]. » Nul n'a condamné plus formellement le luxe et la recherche passionnée du plaisir. Si la sagesse est la garantie la plus assurée du bonheur, c'est que l'homme se l'est donnée lui-même, l'a acquise par son propre effort, de sorte qu'elle ne peut lui être enlevée par les circonstances extérieures [2]. On a raison de dire que l'Épicurisme, pris à la lettre, est une morale austère; il semble même y avoir quelque chose de triste dans la règle qui nous commande de nous imposer des privations : *In ea ipse sententia sum, invitis hoc nostris popularibus (stoïcis) dicam, sancta Epicurum et recta præcipere et si propius accesseris, tristia; voluptas enim illa ad parvum et exile revocatur, et quam nos virtuti legem dicimus, eam ille dicit voluptati* [2]. « Épicure, dit encore Sénèque, est un héros déguisé en femme. » Le mot ne nous paraît pas juste : il n'y a rien d'hé-

---

1. Lettre d'Épicure à Ménécée, Diogène Laerce, X, 131.
2. Diogène Laerce, X, 117 : τὸν ἅπαξ γενόμενον σοφὸν μηκέτι τὴν ἐναντίαν λαμβάνειν διάθεσιν.
3. Sénèque, *De vita beata*, XIII.

roïque dans la doctrine d'Épicure, non plus que dans son attitude; ce n'est pas lui qui songeait à poser pour le surhomme. Si plus tard dans l'imagination de ses disciples enthousiastes, le maître devint un héros libérateur, qui avait terrassé la superstition et la crainte de la mort, un dieu même, il y avait là une altération profonde des caractères qu'Épicure avait donnés à sa doctrine ; la pensée qui l'inspire constamment c'est la recherche raffinée du bonheur. M. Ravaisson reproche à cette doctrine d'être négative, bien plus que positive: il accorderait volontiers que, selon la critique des Cyrénaïques, le plaisir stable d'Épicure, c'est l'état de ceux qui dorment, bien plus, celui des morts. C'est aussi l'appréciation de M. Renouvier, qui trouve ces maximes étroites et presque toutes négatives : « La morale d'Épicure, proposée à qui n'a ni les goûts d'Épicure ni un principe supérieur au sien, n'est qu'une morale de valétudinaire, incapable d'arrêter les élans naturels de l'homme en bonne santé[1]. »

Épicure sait se garder des exagérations paradoxales où se plaisait l'orgueil des Stoïciens; s'il condamnait tout excès, il reconnaissait la légitimité d'une jouissance modérée : il faut être sobre

---

1. RENOUVIER, *Esquisse d'une classification systématique des doctrines philosophiques*, I, 357 sq.

avec sobriété ; c'est affaire de tact, συμμέτρησις. Il ne recommande donc pas l'impassibilité des Stoïciens, ἀπάθειαν, mais plutôt μετριοπάθειαν. Avait-il donc raison d'embrasser dans une même condamnation tous les désirs qui ne sont pas absolument nécessaires? N'est-ce pas précisément cette aspiration au mieux-être, ce désir constant du changement, qui est le principal stimulant de l'activité, l'origine de tous les progrès et de toutes les découvertes?

Le plus grave défaut de ce système, le reproche auquel il ne peut échapper, c'est l'égoïsme. De l'idée du bonheur individuel, notre philosophe ne s'est pas élevé à celle du bonheur général. Ce n'est pas que chez Épicure l'égoïsme exclue toute largeur d'intelligence, toute générosité de cœur ; il ne parle point de l'amour de l'humanité, comme les Stoïciens, mais son attitude est moins roide et moins déplaisante que la leur ; enfin, ce qu'il ne faut pas oublier, il ne provoque jamais à la haine contre personne. Le sage ne se préoccupe que des moyens d'assurer son propre bonheur ; il se garde avec un soin égal de tout ce qui pourrait le compromettre et par conséquent de tout attachement aux personnes non moins qu'aux choses. Il ne se mariera donc pas, car le mariage, outre qu'il lui imposerait des charges fort lourdes, qu'il le mettrait dans la nécessité de travailler pour gagner la vie des siens ou du moins diminuerait considérablement ses revenus, est la source de toutes sortes de tracas ; rien n'est plus rare que de rencontrer une bonne femme, qui ne vous fasse pas beaucoup souffrir et regretter fréquemment vos engagements. Voilà tout ce qu'Épicure trouve à dire de la vie conjugale ; il ne parle pas du bonheur qu'elle peut apporter à l'homme ; n'est-ce pas là qu'on trouve ce plaisir en repos, cette félicité durable et constitutive qu'il recherche par-dessus tout? Quant aux enfants, ils causent de continuels chagrins à leurs parents, ils tombent malades, ils meurent, ou bien ils sont ingrats et ne répondent pas aux espérances qu'on avait fondées sur eux : le célibataire est à l'abri de tous ces maux.

Pour la même raison, le sage ne fera pas de politique : les affaires publiques sont extrêmement difficiles et causent de terribles tracas à ceux qui s'en occupent [1] ; l'ambition est de toutes les pas-

---

1. PLATON, *République*, VI, 496 c, d : « Celui qui goûte et qui a goûté la douceur et le bonheur qu'on trouve dans la sagesse, voyant clairement la folie du reste des hommes et la perpétuelle extravagance, on peut le dire, de tous ceux qui gouvernent ; n'apercevant d'ailleurs autour de lui presque personne qui voulût s'allier avec lui pour aller au secours des choses justes sans risquer de se perdre ; se regardant comme tombé

sions celle qui rend le plus malheureux les hommes dont elle s'empare et elle les expose à de continuels dangers, à des révolutions subites qui du jour au lendemain les précipitent du faîte des grandeurs à la condition la plus misérable, leur enlevant la vie, la liberté ou leurs richesses. Le souverain pouvoir n'est pas un bien pour celui même qui le possède. Métrodore disait : ἐν πόλει μήτε ὡς λέων ἀναστρέφου μήτε ὡς κόνωψ ὁ μὲν γὰρ ἐκπατεῖται τὸ δὲ καιροφυλακεῖται [1]. Sur ce point, comme sur tant d'autres, Épicure donna l'exemple et ne chercha jamais à parvenir à la gloire ou aux honneurs. « Fuis la lumière et le bruit, disait-il ; cache ta vie, λάθε βιώσας; et il ajoutait : « Ce fut un grand bonheur pour moi de ne m'être jamais mêlé aux troubles de l'État et de n'avoir jamais cherché à plaire au

au milieu d'une multitude de bêtes féroces dont il ne veut point partager les injustices et à la rage desquelles il lui serait impossible de s'opposer tout seul; sûr de se rendre inutile à lui-même et aux autres, et de périr avant d'avoir pu rendre quelques services à la patrie et à ses amis; plein de ces réflexions, il se tient en repos, uniquement occupé de ses propres affaires; et comme un voyageur assailli d'un violent orage s'abrite derrière un petit mur contre la poussière et la pluie que le vent soulève, de même, voyant que tous les hommes sont remplis de dérèglement, il s'estime heureux s'il peut lui-même passer cette vie pur de toute action inique et impie et en sortir plein de calme et de douceur et avec une belle espérance. »

1. Stobée, *Floril.*, XLV, 26.

peuple, parce que le peuple n'approuve pas ce que je sais et que j'ignore ce que le peuple approuve. » Il se consolait aisément de ce que son nom même était inconnu. « Au milieu des biens infinis que nous procurait la sagesse, nous ne nous sommes jamais aperçus, Métrodore ni moi, que ç'ait été un mal pour nous que cette Grèce si fameuse non seulement ne nous ait point connus, mais n'ait presque pas entendu parler même de nos noms. Nous étions l'un à l'autre un assez ample théâtre. » Métrodore écrivait de son côté : « Ne nous occupons pas de sauver la Grèce ni de mériter des couronnes civiques : la seule couronne désirable est celle de la sagesse. » Épicure en effet avait l'orgueil de croire que la postérité lui rendrait justice ; nous avons vu ce qu'il écrivait à Idoménée. Il se croyait et se disait sage : *Se unus quod sciam sapientem profiteri sit ausus* [1]. Que nous voilà loin des anciens Grecs qui s'adonnaient avec tant de passion aux affaires de la cité ! Platon et Aristote eux-mêmes ne séparaient pas la vie sociale de la vie morale et considéraient la politique comme faisant partie intégrante de l'éthique. Épicure ne paraît pas avoir eu de théorie en politique ni en sociologie. Il méprisait les bar-

---

1. CICÉRON, *De finibus*, II, III, 7.

bares, il croyait que les Grecs seuls sont capables et dignes de philosopher, μόνους Ἕλληνας φιλοσοφῆσαι δύνασθαι [1]. Il n'est plus question chez lui des moyens de reconquérir ou de sauvegarder la liberté politique ; il ne s'inquiète que d'assurer la liberté intérieure. Il va jusqu'à dire qu'à l'occasion le sage ne refusera pas de faire la cour aux princes ; il sacrifiera donc même sa dignité personnelle au souci de garantir sa tranquillité. Il ne semble pas qu'Épicure ait connu le sentiment de l'honneur.

Cependant la règle posée comporte des exceptions. Il est clair que si tout le monde l'observait à la lettre, l'espèce humaine ne tarderait pas à s'éteindre et que les affaires publiques, abandonnées aux insensés, iraient de plus en plus mal ; il y a donc des hommes qui font sagement de se marier et de s'occuper de politique. De même il y a des cas où le sage devra ouvrir école, écrire des livres, faire des lectures publiques ; d'autres fois il devra s'arrêter au parti contraire. Tous les hommes ne sont pas appelés aux mêmes choses. C'est à chacun de se connaître soi-même, comme le recommandait Socrate, et de vivre conformément à sa propre nature. Voilà des préceptes parfaitement raisonnables ; le malheur est qu'ils ne se concilient

---

[1] Diogène Laerce, X, 117. — Clément d'Alexandrie, *Strom.*, l. XV, 67.

guère avec la prétention souvent affirmée de donner des règles universelles, avec cette affirmation tant de fois répétée que la nature est partout et toujours la même. Pour lui, c'est le célibat qui est la règle, le mariage l'exception, ce qui ne paraît pas d'accord avec les lois de la nature. Quand on n'est pas sûr d'être né pour le mariage ou pour les affaires publiques, c'est folie d'en courir le risque : rien n'est plus funeste à l'homme que la présomption. Mais à quoi le sage reconnaîtra-t-il qu'il doit rester célibataire ou contracter mariage, qu'il est né pour la vie politique ou qu'il doit préférer une condition privée? Certains hommes sont tourmentés d'un violent amour de la gloire, ils ont des qualités qui les rendent éminemment propres à gérer les affaires publiques; leur naissance les y invite ou bien le hasard des événements; ils sont de famille royale ou le prince les appelle dans ses conseils. Il n'est pas moins pénible à ceux qui sont nés pour les affaires de se tenir dans le repos qu'à ceux qui sont nés pour le repos de s'occuper des affaires. Épicure ne parle pas des temps où la République fait appel à tous les bons citoyens, aux hommes sages et vertueux, et leur demande de lui sacrifier leur repos.

Les hommes vivent en société; nous devons nous appliquer à tirer tout le parti possible de cette condition. L'essence de la justice est la réciprocité; il nous faut faire en sorte de nous attirer la reconnaissance ou du moins la bienveillance, la sympathie des autres; de notre côté nous devons nous montrer reconnaissants envers ceux qui nous ont fait du bien; cette vertu délicate, le sage seul connaît comment il faut la pratiquer. Nous devons ne jamais porter atteinte au droit d'autrui pour être sûr que notre droit ne sera pas méconnu, μὴ βλάπτειν ἀλλήλους μηδὲ βλάπτεσθαι,[1] *nec lædere nec violari*[2]. Le fondement de l'ordre social, c'est la pratique de la justice; l'origine de la justice est une convention adoptée pour concilier les intérêts des particuliers, σύμβολον τοῦ συμφέροντος. La justice n'a pas un principe antérieur et supérieur à l'existence des sociétés humaines, c'en est plutôt le résultat : aucune action ne peut être appelée juste ou injuste, aucun objet n'est mien ni tien avant l'institution des lois. On a souvent remarqué combien cette politique individualiste était d'accord avec la cosmologie atomistique du maître.

« Il n'y a ni justice ni injustice à l'égard des animaux qui, par leur férocité, n'ont pu vivre avec l'homme sans l'attaquer et sans être attaqués à leur tour. Il en est de même de ces na-

---

1. Diogène Laerce, X, 150.
2. Lucrèce, V, 1020.

tions avec qui l'on n'a pu contracter d'alliance pour empêcher les offenses réciproques[1]. » Les animaux carnassiers, si féroces qu'ils soient, lorsqu'ils dévorent les oiseaux ou les brebis, ne commettent pas d'injustice; il en est de même de l'homme qui les tue pour les manger ou pour se défendre. Enfin quand nous massacrons les barbares, ce peut être l'effet de la colère ou de la méchanceté, mais ce n'est pas une injustice. Épicure en effet ne s'est point élevé au-dessus des préjugés de son pays et de son temps contre les barbares : il y a là une étroitesse d'esprit que nous avons le droit de trouver choquante. Les Grecs seuls, dit-il, sont capables d'être philosophes. Ignorait-il donc que, lors de l'expédition d'Alexandre, on avait trouvé dans l'Inde des philosophes dont les Grecs avaient admiré la sagesse?

C'est l'expérience qui a enseigné aux hommes les règles qu'ils se sont données et qu'ils ont souvent modifiées selon les pays et selon les siècles; car les différentes nations ont des lois très différentes et cette diversité s'explique sans peine. Grâce au règne des lois, nous jouissons de la sécurité que tous nous désirons si fort. Afin d'assurer l'observation des lois, tous les peuples punissent de

---

1. Diogène Laerce, X, 150.

châtiments rigoureux ceux qui osent les enfreindre; l'opinion publique les flétrit sévèrement; la mort, la prison, l'exil, la haine et le mépris des bons citoyens, telles sont les conséquences de la violation des lois[1]. Les hommes, si puissants qu'ils soient, qui abusent de leur force pour commettre des injustices, ont toujours à craindre l'assassinat ou quelque révolution. Mais ne voyons-nous pas que les criminels les plus hardis et les plus vigoureux, c'est-à-dire les plus malfaisants, échappent à la répression pénale; que d'autres réussissent à cacher leurs forfaits et profitent, sans être aucunement troublés, du fruit de leurs mauvaises actions? Ne croyez pas qu'ils en jouissent paisiblement, car ils ne cessent de craindre que leurs attentats ne viennent à être découverts[2], que quelque circonstance inattendue ne les trahisse et ne leur attire de terribles représailles; cette anxiété ne leur laisse pas un moment de repos; elle est quelquefois si forte qu'elle engendre la folie et l'on a vu des hommes, dans un accès de délire,

---

1. SÉNÈQUE, *Lettres*, XCVII, 15 : (Epicurus dicit) « nihil justum esse natura et crimina vitanda esse quia vitari metus non possit. »

2. DIOGÈNE LAERCE. X, 146. ὁ δίκαιος ἀταρακτότατος, ὁ δὲ ἄδικος πλείστης ταραχῆς γέμων. — CLÉMENT D'ALEXANDRIE, *Stromates*, VI, II, 24 : Δικαιοσύνης καρπὸς μέγιστος ἀταραξία.

avouer des crimes dont nul ne songeait à les soupçonner[1]. Telles sont les conséquences terribles de l'injustice. Mais la justice n'est pas un bien en soi, καθ' ἑαυτό, l'injustice n'est pas un mal en soi. Épicure examine certains cas de conscience : il se demande si un sage, sûr de n'être jamais soupçonné, fera quelque chose défendue par la loi? Non, répond-il, car le sage comprendra qu'il agirait alors contre sa véritable utilité. Si tous les hommes le savaient et s'en souvenaient toujours, les États n'auraient pas besoin de lois : οἱ νόμοι χάριν τῶν σοφῶν κεῖνται, οὐχ ἵνα μὴ ἀδικῶσιν, ἀλλ' ἵνα μὴ ἀδικῶνται[2]. Épicure reconnaît qu'il n'est pas facile de trancher la question par une réponse absolue, οὐκ εὔοδον τὸ ἁπλοῦν κατηγόρημα[3]. Bien entendu, dans l'estimation des conséquences que doit entraîner l'adoption de tel ou tel parti, il ne faut pas faire entrer en ligne de compte les récompenses et les châtiments d'outre-tombe, la faveur ou la colère des dieux, car la philosophie nous délivre de ces préjugés populaires.

Puisque le fondement de la justice c'est une sorte de convention, de pacte unissant les mem-

---

1. SÉNÈQUE, Lettres. XCVII, 13 : « Potest nocenti contingere ut lateat, latendi fides non potest. »
2. STOBÉE, Floril., περὶ πολιτείας, 139.
3. PLUTARQUE, Contre Colot., 34. — Voir dans Cicéron la discussion à propos de l'anneau de Gygès (De off., III, 9).

bres d'une même société, nous n'avons à observer les règles de la justice qu'à l'égard de nos concitoyens; cependant nous ne devons pas oublier que les autres peuples sont aussi formés d'hommes, c'est-à-dire d'êtres doués de raison. Épicure pensait sur les esclaves comme sur les étrangers : le sage doit les traiter avec douceur, les punir à regret lorsqu'ils ont commis quelque faute, sans méconnaître que ce sont des hommes, avoir pitié de leur condition, les considérer comme des amis inférieurs; c'est ainsi que la possession des esclaves cesse d'être une possession incommode. S'il s'en trouve d'intelligents et de nés pour la sagesse, il prendra plaisir à les instruire et à philosopher avec eux, comme le maître lui-même faisait avec son esclave Mus, qu'il affranchit par son testament.

Bien des gens trouveront sans doute que cette théorie est loin d'être satisfaisante et que la justice considérée à ce point de vue ne mérite pas le nom de vertu.

Parmi les biens que nous procure la sagesse il n'en est pas de plus doux que l'amitié[1]; la secte épicurienne est célèbre entre toutes par l'amitié

---

1. Diogène Laerce, X, 148.

qui en unissait les membres. Ce n'est pas qu'Épicure ait une théorie originale de l'amitié, qu'il s'en fasse une idée bien haute; nous ne trouvons pas chez lui l'écho des analyses si pénétrantes d'Aristote; et même, si nous prenons à la lettre ses enseignements, comme le sage n'a jamais en vue que son propre plaisir, son intérêt, il n'a d'autre raison de rechercher l'amitié de ses semblables que l'utilité qu'il en compte retirer; il doit être toujours prêt à abandonner ses amis du moment qu'ils cessent d'être utiles et surtout s'ils deviennent compromettants. Mais ce qui vaut bien mieux, c'est dans la pratique de l'amitié qu'il a excellé[1]. Il s'est produit en lui une de ces transformations de sentiments par association que les psychologues anglais de la seconde moitié du xix siècle ont curieusement analysées. « Nous aimons tous naturellement l'argent, dit Stuart Mill, en considération des jouissances qu'il peut nous procurer et dont nous sommes privés si nous n'avons pas d'argent; voilà ce qu'oublie l'avare: il aime l'argent

---

1. Cicéron reconnaît qu'il fit l'éloge de l'amitié « non oratione solum sed multo magis vita et factis et moribus » (*De fin.*, I, xx. 65); il oubliait le principe qu'il avait d'abord formulé : le sage ne doit jamais avoir en vue que lui-même. « sapientem omnia sui causa facturum » (*Pro Sextio*).

pour lui-même et se prive de tout plaisir pour accroître ses trésors. » On prend primitivement un chien pour la chasse; puis, en chassant avec ce chien, on finit par s'attacher à lui. De même Épicure montre d'abord qu'il n'est rien de si utile à l'homme que l'amitié de ses semblables : « L'amitié doit être contractée par l'utilité qu'on en espère, de la même manière qu'on cultive la terre pour recueillir l'effet de sa fertilité; cette belle habitude se soutient par les plaisirs réciproques du commerce qu'on a lié. » L'amitié assure à l'homme de grands avantages et le met à l'abri de toutes sortes de maux; il lui doit particulièrement la sécurité, la confiance dans l'avenir : un ami est un compagnon de plaisirs; il est prêt à vous aider de ses conseils, à vous défendre dans les dangers, à vous soigner dans les maladies; rien n'est plus triste et plus exposé que la vie d'un homme seul. Puis le sage en vient à aimer l'homme pour l'homme lui-même, à sentir le charme, la douceur d'une affection partagée. Enfin le nombre des personnes qui vivent d'accord avec lui prouve que ses doctrines ne sont pas fausses et confirme la sérénité d'esprit dont il jouit. Il aura toujours pour ses amis les mêmes sentiments que pour lui-même et toutes les peines qu'il prendrait pour se procurer à lui-même du plaisir, il les prendra pour en procurer à ses amis[1], il pleurera leur perte[2], il bravera même la mort pour eux, s'il le faut. En cela, Épicure restait fidèle à l'esprit de sa doctrine, à la justesse de sentiment qui préférait les plaisirs de l'esprit aux plaisirs du corps, qui lui faisait considérer moins la quantité que la qualité des avantages de chaque action ; il reconnaît donc l'existence d'une autre catégorie de plaisirs, les plaisirs du cœur, et il leur assigne le premier rang. « Avant de regarder à ce que vous devez boire et manger, regardez à ceux avec qui vous devez boire et manger. » Il n'avait pas voulu imposer, comme Pythagore, à ses disciples cette règle absolue de mettre tous leurs biens en commun; chacun donnera aux autres individuellement ou collectivement ce qu'il

---

1. Cicéron, *De fin.*, l. xx. 68 : « Sine hoc (le plaisir) institutionem amicitiæ omnino non posse reperiri... Primos congressus fieri propter voluptatem, quum autem usus progrediens familiaritatem effecerit, tum amorem efflorescere tantum ut, etiam si nulla utilitas sit ex amicitia, tamen ipsi amici propter se ipsos amentur. »

2. « (Les Stoïciens) nous ôtent les regrets, les larmes et les gémissements sur la mort de nos amis : cette impassibilité qu'ils recommandent a pour principe un plus grand mal que l'affliction. Elle vient d'un fond de cruauté, d'une fureur sauvage et d'une vanité déréglée et sans mesure. Il vaut mieux souffrir, il vaut mieux s'affliger; oui, par Jupiter, il vaut mieux se perdre les yeux de larmes et sécher de regret. »

croira devoir leur donner; nous n'avons pas à craindre qu'il fasse trop peu. Ces propositions ont été singulièrement interprétées par la mauvaise foi des ennemis d'Épicure : il faisait plus de cas, disent-ils, des richesses que de l'amitié; c'est là un contre-sens manifeste. L'amitié n'est pas une chaîne; ce qui en fait le charme, c'est qu'en elle tout est libre; c'est aussi ce qui en fait la force; ce n'est pas une société imposée par la nature ou par la loi comme celle qui nous lie aux membres de notre famille ou à nos concitoyens : c'est l'association volontaire de telle personne avec telle personne. « L'ami épicurien a conscience qu'il a été libre d'aimer, qu'il est libre en aimant, qu'il est libre encore de cesser d'aimer[1]. » Épicure, selon la remarque de M. Dugas, entend l'amitié au sens étroit et moderne du mot; il l'oppose à l'amour, aux affections domestiques et politiques; peut-être est-ce cette destruction même de toutes les autres affections qui a donné à l'amitié cette force extraordinaire. Le maître, nous l'avons dit, comme la ville d'Athènes assiégée par les ennemis souffrait cruellement de la disette, nourrit ses disciples en partageant avec eux les provi-

---

1. Dugas, l. II, ch. I. IV, p. 220.

sions qu'il avait mises en réserve. Les adversaires des Épicuriens ne peuvent leur refuser ce témoignage qu'ils étaient constants dans leurs amitiés ; on n'avait pas à leur reprocher d'abandonner leurs amis dans la détresse ni à plus forte raison de les trahir[1]. Ils avaient au plus haut degré le culte des amis absents ou morts. En somme la théorie de l'amitié laisse beaucoup à désirer chez les Épicuriens, tandis qu'ils pratiquaient merveilleusement cette vertu. Sans doute les hommes d'un caractère mou et flexible s'accommodent mieux ensemble que les hommes d'un caractère fort et décidé ; Épicure prescrivait à ses disciples de se dégager de tous les sentiments, de tous les intérêts qui divisent les hommes et les mettent aux prises ; d'autre part la similitude des goûts, la communauté des convictions porte les sages à se rechercher réciproquement et à trouver un grand charme dans la vie commune : ils s'y abandonnaient sans chercher curieusement à s'en rendre compte.

Pour avoir des amis chauds et fidèles et aussi pour être capable d'éprouver une amitié forte et constante, il faut être vertueux ; l'amitié est une des plus précieuses récompenses de la vertu. Il

---

1. Cicéron, *De fin.*, II, xxv, 81.

faut bien convenir pourtant que, non plus que les autres, cette récompense n'est pas assurée. Épicure avait dit d'abord : il est impossible de vivre heureux si l'on n'est sage et vertueux, de même que d'être sage et vertueux sans jouir du bonheur, οὐκ ἔστιν ἡδέως ζῆν ἄνευ τοῦ φρονίμως καὶ καλῶς καὶ δικαίως, οὐδὲ φρονίμως καὶ καλῶς καὶ δικαίως ἄνευ τοῦ ἡδέως; en d'autres termes, dit M. Guyau, la sagesse et la justice sont une garantie de bonheur; le bonheur est une preuve de justice et de sagesse, συμπεφύκασιν αἱ ἀρεταὶ τῷ ζῆν ἡδέως [1]. Il est bien forcé de reconnaître que cela n'est pas toujours vrai, mais il ajoute : mieux vaut être malheureux quand on a la raison pour soi que d'être heureux et insensé, κρεῖττον εἶναι εὐλογίστως ἀτυχεῖν ἢ ἀλογίστως εὐτυχεῖν [2]. Il croyait même que celui qui fait une bonne action est plus heureux que celui qui reçoit un bienfait [3]. La doctrine demeure toujours la même : quoique nous ne puissions méconnaître la valeur des avantages matériels, nous devons faire plus de cas encore des biens de l'esprit. Ce sont là des inconséquences, nous n'en disconvenons pas, mais elles lui font honneur et il est

---

1. Diogène Laerce, X, 132, 140.
2. Diogène Laerce, X, 135.
3. Plutarque, *On ne peut vivre heureux*, XV, 4 : αὐτοὶ δὲ δή που λέγουσιν ὡς τὸ εὖ ποιεῖν ἥδιον ἐστι τοῦ πάσχειν.

juste de lui en tenir compte. Le portrait du sage tracé par Épicure ressemble par bien des traits au sage stoïcien : il est toujours d'accord avec lui-même, il ne se dément pas, parce que ses opinions ne lui sont pas dictées par les circonstances extérieures, mais lui viennent de ses propres réflexions[1].

Épicure, nous le voyons, valait mieux que son système[2], et ne craignait pas de lui donner en apparence de fréquents démentis. La théorie du plaisir soulève de graves objections. Aristote avait soutenu que la cause du plaisir, c'est l'exercice de l'activité, que le plaisir est d'autant

---

1. Ce jugement est confirmé par la lecture des maximes d'Épicure trouvées à Rome par M. K. Wotke : « 78. Un esprit noble s'adonne surtout à la sagesse et à l'amitié; deux biens, l'un mortel, l'autre immortel. » — « 23. Toute amitié est désirable pour elle-même, cependant elle a eu l'intérêt pour point de départ. » — « 56. Le sage ne souffre pas plus quand il est mis à la torture que lorsqu'il y voit son ami. » — « 41. Il faut vivre et tout à la fois philosopher, gouverner sa maison, user de tous les autres biens acquis et cependant répéter sans cesse les maximes dictées par la vraie philosophie. » — « 29. J'aimerais mieux, fort de l'étude de la nature, révéler avec franchise des vérités utiles à tous les hommes, quand même personne ne devrait comprendre mes oracles, que de recueillir, en me conformant à de vaines opinions, les applaudissements répétés du grand nombre. » H. Usener et T. Gomperz, *Wiener Studien*, X, 1888.

2. Cicéron, *De fin.*, II, xxv. 80 : « Quis illum negat et bonum virum, et comem, et humanum fuisse? »

plus grand que l'activité se déploie avec plus d'énergie et surtout d'indépendance. Épicure au contraire met le plaisir dans le repos ; si les dieux sont parfaitement heureux, c'est qu'ils n'ont rien à faire ; pour nous, il nous faut tâcher d'avoir le moins d'embarras possible ; c'est pour cela que nous nous garderons de nous marier, de nous occuper de politique ; nous nous appliquerons à réduire le nombre de nos besoins ; nous n'entreprendrons pas de lutter contre la fortune, nous prendrons raisonnablement notre parti de ce qui nous arrivera et nous ferons en sorte d'en tirer le meilleur profit possible. On a souvent montré que cela ne suffit pas, que si nous donnons la recherche du bonheur pour but unique à la vie humaine, il ne dépend pas de nous d'y parvenir : nous sommes parfois le jouet des circonstances et si nous ne faisons rien pour nous en affranchir nous sommes naturellement vaincus.

Épictète, dans ses *Entretiens,* relève spirituellement une autre contradiction entre la conduite d'Épicure et sa doctrine : Si le sage doit ne songer qu'à lui-même, ne se préoccuper que de son propre bonheur, il ne se mettra pas en peine d'assurer la félicité des autres hommes ; pourquoi donc Épicure a-t-il écrit tant de livres, soulevé tant de problèmes, échafaudé tant de théories, appelé près de lui tant de disciples ?

Ce qui fait surtout la faiblesse de l'Épicurisme, c'est qu'il repose sur une équivoque : le mot plaisir, qui exerce sur tous les hommes une séduction presque irrésistible, peut être entendu dans des sens fort différents. Épicure, nous dit-on, avait modifié la formule ordinaire de suscription de ses lettres : au mot usuel, χαίρειν, il substituait l'expression εὖ πράττειν; mais les mots grecs εὖ πράττειν, ainsi qu'en anglais *to do well*, peuvent signifier être heureux, tout comme bien agir. Athénée[1] rapporte les paroles d'Épicure lui-même dans son *Traité sur la fin de la vie* (περὶ τέλους) : « Le principe et la source de tout bien, c'est le plaisir du ventre ; c'est la vraie mesure de ce qu'il faut rechercher et de ce qu'il faut fuir ». Il disait encore : « Je ne puis concevoir de biens en dehors des plaisirs de la table, des plaisirs de l'amour, des plaisirs de l'oreille et du spectacle des belles choses. » Nous trouvons le même texte dans Diogène Laërce[2] et dans Cicéron[3]. D'autre part, Clément d'Alexandrie nous apprend que pour Épicure et pour son disciple Métrodore, toute joie

---

1. Athénée, VII. xi. p. 280.
2. Diogène Laërce, X. 6.
3. Cicéron, *Tusculanes*, III. xviii. 41.

a son origine dans une impression produite sur la chair. Mais nous ne devons pas oublier que le maître dit ailleurs : « Ce ne sont pas les beuveries et les festins, ni les amours, ni les poissons délicats et autres raffinements d'une table somptueuse qui rendent la vie agréable : c'est une raison à jeun, capable de savoir pourquoi elle veut ou ne veut pas, capable de rejeter les opinions vaines, source ordinaire des troubles de l'âme[1]. » Quand Épicure enseigne que le principe et la racine de tout bien, c'est le plaisir du ventre, ἀρχὴ καὶ ῥίζα παντὸς ἀγαθοῦ ἡ τῆς γαστρὸς ἡδονή[2], il n'entend pas que la jouissance produite par la nutrition soit la jouissance la plus parfaite, mais c'en est le germe, la racine, le commencement, le point de départ. Sans doute Épicure attachait une grande importance à l'observation des règles de l'hygiène et de la médecine, mais Métrodore a exagéré et faussé sa pensée en écrivant : « C'est dans le ventre que la raison, se conformant à la nature, a son véritable objet, περὶ γαστέρα ὁ κατὰ φύσιν βαδίζων λόγος τὴν ἅπασαν ἔχει σπουδήν[3]. Non moins inintelligent était cet autre qui tenait note du nombre de fois où il avait couché avec Hédia ou

---

1. DIOGÈNE LAERCE, X, 132.
2. ATHÉNÉE, VII, XI, 280. — XII, LVII, 547.
3. ATHÉNÉE, VII, XI, 280.

Léontium, des jours où il avait splendidement dîné ou bu du vin de Thasos.

De fait il y eut toujours deux sortes d'Épicuriens : les uns étaient des hommes délicats et même raffinés, qui se contentaient d'un petit nombre de plaisirs, mais exquis [1] ; les autres, prenant le mot plaisir dans le sens ordinaire, revenaient au système d'Aristippe de Cyrène; ce n'étaient que de bons vivants. En réalité ils étaient infidèles à la pensée de leur maître, mais ils s'autorisaient de certaines de ses phrases [2] et, comme ils étaient de beaucoup les plus nombreux, c'est d'après eux qu'on jugeait l'école épicurienne; quant aux autres, on peut reprocher à leur vertu non seulement de manquer de fierté et d'énergie, mais de n'avoir pas un caractère précisément

1. Cicéron, De fin., II, xxv, 81.
2. Diogène, X, 142 : « Si les choses qui donnent du plaisir délivraient de la crainte des dieux et de celle de la mort et de la douleur, et qu'elles apprissent à mettre des bornes aux cupidités, je n'aurais aucun motif de blâmer les voluptueux qui, comblés de voluptés, seraient sans douleurs et sans chagrins, c'est-à-dire sans aucun mal. » Plutarque, Contre Colotès, 30 : « Toutes les vertus prises ensemble, si on les sépare du plaisir, ne valent pas un jeton de cuivre. » — Sénèque, Lettres, LXXXV, 18 : « Ipsam virtutem non satis esse ad beatam vitam, quia beatum efficit voluptas, quæ ex virtute est, non ipsa virtus. » — Athénée, XII, lxvii, 547 : Τιμητέον τὸ καλὸν καὶ τὰς ἀρετὰς καὶ τὰ τοιουτότροπα ἐὰν ἡδονὴν παρασκευάζῃ· ἐὰν δὲ μὴ παρασκευάζῃ, χαίρειν ἐατέον.

moral : « Le véritable épicurien, dit M. Renouvier, ne s'oblige à rien et sa doctrine n'oblige à rien... C'est une école de raison pratique, mais malheureusement abaissée au niveau des hommes d'aspiration minimum, contents de s'assurer pour toute fin des plaisirs modérés et les meilleures chances de paix personnelle, présente et future. Cette adaptation de toute une doctrine aux vues des gens d'une certaine humeur, assez commune en tout temps, sans être jamais dominante, a permis la fondation d'une école[1]. » « La doctrine d'Épicure, disait déjà de Gérando, trace le cercle le plus étroit autour de la pensée de l'homme ; elle est en quelque sorte à la philosophie ce que l'hiver est à la nature ; elle décolore, elle dépouille toutes les productions de l'intelligence, elle en assoupit toutes les forces vitales[2]. » Épicure enseigne que les vertus ne constituent pas des biens par elles-mêmes, mais en considération des avantages qu'elles procurent, de même que nous avons

1. Renouvier, *Esquisse d'une classification des doctrines*, I, 357 sq.

2. De Gérando. *Histoire comparée des systèmes*, t. II, p. 447. — Le même jugement a été porté par Vinet : « On comprend vite que cet homme (l'épicurien) si aimable, si commode dans la société, si uni, si lisse au toucher, n'est pas un homme dont le commerce puisse devenir un besoin de l'âme... On dirait qu'une gelée subite a arrêté dans leur développement tous les bons germes qui pouvaient être en lui. »

recours à la médecine afin de recouvrer la santé[1]. Les Stoïciens disaient au contraire que les vertus doivent être recherchées pour elles-mêmes, ἀρετὰς εἶναι δι' αὐτὰς αἱρετάς : c'était un jeu de mots qui amusait l'esprit des Grecs et aidait la formule à se graver dans la mémoire ; mais en réalité il s'agissait du principe même de la morale : les Stoïciens avaient-ils donc raison d'opposer la vertu au plaisir comme contraires et incompatibles? Pour être vertueux faut-il commencer par fuir le plaisir et lui déclarer la guerre? l'ascétisme a-t-il par lui-même quelque valeur morale? La sagesse ne consiste-t-elle pas plutôt à reconnaître tous les éléments de la nature humaine, sans en mépriser aucun, à chercher les moyens de satisfaire tous nos besoins, en tenant compte de leur dignité respective?

1. Diogène Laerce, X. 138.

CONCLUSION

L'étude des différentes parties du système nous conduit toujours à la même conclusion. Épicure n'est certes pas un grand penseur, ce n'est pas surtout un esprit original, mais c'est ce que nous appelons un brave homme. Il tient trop peu de compte, à notre avis, des besoins de l'esprit, il confond avec les recherches de pure curiosité les exigences les plus légitimes, il se paie trop facilement de mots, il se contente d'explications qui en réclament d'autres ou qui soulèvent des difficultés inextricables. Sa morale même est très faible au point de vue théorique ; il n'a rien à cœur que la vie pratique à laquelle il donne pour but la poursuite du bonheur; il veut faire des âmes sereines et joyeuses. Si son esprit avait peu de puissance et de profondeur, il ne manquait pas de droiture, ni sa conscience de délicatesse. Il faisait peu de cas des plaisirs violents et grossiers que la plupart des hommes recherchent avidement; il leur préférait le calme dont jouit celui qui, sachant se contenter de peu, s'est mis à l'abri des privations et des dangers. Les principales causes de notre malheur ce sont les craintes chimériques qui assiègent notre imagination ; il nous est facile de nous en affranchir si nous considérons avec calme ce que nous sommes et quelles sont les lois qui régissent l'univers.

Ce qui faisait l'efficacité de ces discours, c'est que le maître prêchait d'exemple : il vivait heureux au milieu de ses disciples qu'il aimait et dont il était était aimé. Lui qui recommandait de vivre conformément à la nature, il était parfaitement naturel et ne se trouvait pas mis brusquement en contradiction avec lui-même, comme cela arrivait souvent à ses adversaires. M. Chaignet nous paraît aller trop loin dans les éloges qu'il lui accorde, mais il y a du vrai dans son jugement[1] : « Épicure n'est pas à coup sûr le plus grand génie philosophique de la Grèce, mais il est certainement parmi les philosophes le génie le plus profondément, le plus purement Grec. Il n'en est pas un qui ait plus que lui, autant que lui, le sentiment de la mesure (c'est le trait le plus caractéristique du génie grec, μηδὲν ἄγαν) et la conscience des bornes de la science humaine. C'est le génie du bon sens; c'est la raison la plus raisonnable, la plus saine,

---

1. CHAIGNET, *Psychologie des Grecs*, II, p. 191 sq.

la plus sobre, νήφων λογισμός, pour me servir d'une de ses formules les plus caractéristiques. » Bien des gens étaient choqués du ton dogmatique des Stoïciens, de leur « air effroyable de certitude », comme dit Renan, et aussi de leur prétention de faire violence à la nature, de parvenir à une sagesse parfaite. « Le dogmatisme des Stoïciens, dit M. Maldidier, était aussi intolérable qu'intolérant. » On était las d'entendre vanter le personnage d'Hercule, de le voir proposer comme le modèle sur lequel l'homme doit se régler. Nous comprenons donc l'admiration qu'inspira Épicure et l'affection reconnaissante avec laquelle ses disciples se groupèrent autour de lui ; ces sentiments peuvent nous paraître exagérés, mais nous les expliquons sans peine : ce n'est pas un personnage que l'on admire, mais c'est un homme qu'on estime. Nous ne nous étonnons pas que l'école épicurienne soit demeurée florissante jusqu'aux derniers jours du paganisme et que, même dans les temps modernes, les doctrines épicuriennes aient été remises en honneur par un bon nombre d'esprits distingués.

Vivre conformément à la nature, il semble bien qu'il ne saurait y avoir d'autre loi pour l'homme : tout dépend du sens qu'on donne au mot nature. Beaucoup de penseurs croient que l'homme ne constitue pas un empire à part dans un autre empire, selon l'heureuse expression de Spinoza, que nous ne sommes pas faits autrement que les autres êtres, que, par conséquent, pour savoir comment nous devons vivre, nous n'avons qu'à ouvrir les yeux et à voir les leçons que nous donne l'ensemble de l'univers ; quant aux recherches ambitieuses de la science, elles occasionnent beaucoup de peine et de tracas sans nous apporter de sérieuses satisfactions ; ce n'est que vanité et tourment d'esprit, comme dit l'Ecclésiaste [1] ; « où il y a abondance de science, il y a abondance de chagrin ; et celui qui s'accroît de la science, s'accroît de la douleur » ; il faut donc nous en détourner. Ne nous révoltons pas contre les lois de l'univers ; ne cherchons pas à les modifier ; nous n'y saurions réussir. Tâchons plutôt de nous en accommoder ; rendons-nous compte de ce qui est possible et de ce qui est impossible (*quid possit oriri, quid nequeat; finita potestas denique cuique Quanam sit ratione atque alte terminus hærens* [2]), arrangeons-nous de manière à nous procurer la plus grande somme de bonheur à laquelle nous puissions prétendre, à nous mettre à l'abri des atteintes du malheur ; pour cela, appliquons-nous à rester maîtres de notre esprit, à détourner notre attention des maux qui

---

1. *Ecclésiaste*, I, 14, 18.
2. Lucrèce, I, LXXVIII, 597.

nous frappent, à diriger le cours de nos pensées vers le souvenir des biens que nous avons goûtés et vers la prévision de ceux que nous réserve l'avenir. Le nombre est grand des hommes dont le caractère n'a rien d'austère ni d'héroïque, qui s'accommodent merveilleusement de ce système et qui s'abandonnent avec confiance à la bonne loi naturelle.

Ils s'abandonnent, tel est le trait caractéristique de l'épicurisme. C'est la philosophie du relâchement, ἄνεσις, comme dit Cléanthe [1]; le stoïcisme est fondé sur l'idée contraire de la tension, de l'effort, τόνος. Arcésilas, comme on lui demandait pourquoi bien des hommes passaient des autres sectes à celle d'Épicure et non réciproquement, répondit : « Parce que des hommes peuvent devenir eunuques, tandis que les eunuques ne peuvent redevenir hommes, ἐκ μὲν γὰρ ἀνδρῶν γάλλοι γίνονται, ἐκ δὲ γάλλων ἄνδρες οὐ γίνονται [2]. » Comme le dit l'Encyclopédie, on se fait stoïcien, mais on naît épicurien. Ritter va beaucoup trop loin lorsqu'il dit que cette morale a un caractère de lâcheté et de bassesse; il revient continuellement sur cette accusation; il

---

1. CLÉANTHE, Hymne dans STOBÉE, *Eclog.*, t. I, p. 32. — Cf. DIOGÈNE LAERCE, VII, 114 : τόρφις δὲ οἷον τρέψις, προτροπὴ τῆς ψυχῆς ἐπὶ τὸ ἀνειμένον.

2. DIOGÈNE LAERCE, IV, 43.

semble qu'il ne puisse trouver d'autre mot pour exprimer son jugement : « C'est l'égoïsme calculateur d'un esprit bas qui respire dans la doctrine d'Épicure... Comparé à une telle bassesse de sentiment plutôt que d'esprit, le désespoir du sceptique a quelque chose de plus noble[1]. » Nous ne pouvons même accepter le jugement de M. Lévêque, malgré toutes ses prétentions à l'impartialité : « Après avoir comparé sa doctrine aux idées qui avaient cours et aux sentiments qui remplissaient les âmes quand il fonda son école, on arrive naturellement aux conclusions suivantes : il n'a pas directement accru la corruption générale, qui était à son comble ; il n'est ni si coupable que le font les uns, ni si méritant que le disent les autres. Entre le délire de la volupté et les luttes de la vertu il a pris une position intermédiaire ; mais là, malgré quelques belles apparences qui trompent les juges inattentifs ou intéressés, malgré son éloignement systématique pour tous les excès, et quoique son sensualisme soit négatif, il a exercé une mortelle influence..... Il n'y a pas à s'échauffer contre un tel système, qui est et qui sera toujours le dernier mot de l'égoïsme matérialiste : c'est assez de l'exposer ; on aura beau le prendre par ses quelques bons

---

1. Ritter, XI. vi, t. III, p. 599.

côtés, qui étaient autant d'inconséquences, on aura beau en taire ou en voiler les côtés honteux, notamment le remède qu'Épicure recommandait à ceux que tourmentait trop le mal d'amour; quand on aura réussi à prouver que cet ascète par volupté ne fut point un corrupteur de profession, il restera encore ceci : qu'Épicure éleva à la hauteur d'une philosophie et osa appeler du nom de sagesse les plus misérables timidités de son siècle. Au lieu de rassembler les restes d'énergie qui subsistaient encore et de les employer à relever les esprits et les caractères, il recueillit toutes les débilités intellectuelles et morales et en composa un modèle qui n'était que l'idéal de la décrépitude. Il ne sut ni expliquer, ni transformer, ni combattre victorieusement le polythéisme. »

Quoi qu'il en soit, ce système provoque une révolte violente de notre fierté. On connait la terrible sentence prononcée par M. Renan[1] : tout est fécond, excepté le bon sens. Nous sentons que les adeptes de cette doctrine font trop bon marché de notre dignité personnelle, qu'il y a en nous quelque chose de plus que dans les objets matériels et les bêtes. Voilà pourquoi le stoïcisme comptait tant de partisans que nous ne pouvons nous empêcher d'ad-

---

1. E. RENAN, *L'avenir de la science*, XXII, p. 425.

mirer. Parmi les modernes, beaucoup acceptent les conclusions de Pascal, dans l'*Entretien avec M. de Saci sur Épictète et Montaigne*, et cherchent dans la religion chrétienne l'explication de notre nature et la justification de nos espérances. De nos jours, un grand nombre d'orateurs et d'écrivains célèbrent avec enthousiasme Nietsche et les professeurs d'énergie. Ce qui fait ici défaut, ce n'est pas seulement la conscience du devoir, mais aussi le sentiment de l'idéal, le besoin d'imprimer une orientation différente, une direction plus haute à nos sentiments, à nos pensées, à toute notre conduite. L'épicurisme, et c'est là son vice radical, est vide de la conception de l'idéal ; bien plus, il la proscrit comme une chimère dangereuse ; c'est de là que vient son impuissance à satisfaire les exigences de la nature humaine[1].

1. E. RENAN. *L'avenir de la science*, Préface : « L'hypothèse où le vrai sage serait celui qui, s'interdisant les horizons lointains, renferme ses perspectives dans les jouissances vulgaires, cette hypothèse, dis-je, nous répugne absolument. »

TABLE DES MATIÈRES

	Pages.
Bibliographie	V
Chapitre premier. — Sources	1
Chapitre II. — Vie d'Épicure	19
Chapitre III. — L'école et le système	35
Chapitre IV. — Canonique	65
Chapitre V. — Physique	87
Chapitre VI. — De la nature de l'âme. De la mort	121
Chapitre VII. — Les Dieux	137
Chapitre VIII. — Morale	157
Conclusion	215

www.ingramcontent.com/pod-product-compliance
Lightning Source LLC
Chambersburg PA
CBHW071944160426
43198CB00011B/1541